괜찮다 힘내라

요즘처럼 마음이 쉽게 지치고,

생각이 복잡해지는 시대에 살아갈 힘을 주고

"오늘 하루를 버텨 내게 하는 한 문장"

박진도 교무의 『괜찮다 힘내라』를

____________________ 님께

괜찮다
힘내라
박진도 에세이
DongNam
동남풍

일러두기

이 책에서 별색 쌍따옴표(“ ”) 안의 내용은 원불교 『대종경』, 『정산종사법어』 등을 인용한 것입니다.

"감사 생활만 하는 이는
늘 사은의 도움을 받게 되고,
원망 생활만 하는 이는
늘 미물에게서도 해독을 받으리라."

-『정산종사법어』 법훈편 59 -

작가의 말

사람은 완전하지 않기에 때로 어수선하고, 미숙한 모습으로 살아갑니다. 그 모습 또한 실패가 아니라, 깨달음으로 가는 과정이며, 진리가 작동하는 현장임을 저는 조금씩 배워왔습니다.
넘어질 수는 있어도, 주저앉아 있을 수는 없습니다. 다시 일어나는 힘이 우리 안에 있기 때문입니다. 한 번의 용기, 한 번의 결심이 내일의 나를 만들어 갑니다.
두려움은 시작의 설렘이고, 불안은 변화의 바람입니다. 이 길의 끝에 무엇이 있는지는 가보지 않고는 알 수 없습니다. 그래서 우리는 멈추지 않고, 오늘을 다시 시작합니다.

고등학생 시절 처음 원불교 성직자의 길을 서원하고, 그 마음 하나로 사십 년의 세월을 걸어왔습니다. 날마다 웃을 수는 없었지만, 기도와 서원으로 충분히 행복한 날들이었습니다.

스승님들의 말씀은 언제나 거짓이 없었고 꾸밈이 없었습니다. 그중에서도 제 삶을 지탱해 준 말씀은 늘 같았습니다.

"은혜에 감사해라." "괜찮다. 힘내라."

마음은 애써 찾는 대상이 아니라, 포기하지 않고 살아온 시간 속에서 서서히 만들어지는 것 같습니다. 붙잡고 애쓰는 동안이 아니라, 놓지 않고 살아온 그 세월이 곧 마음이었음을 이제야 압니다.

이 책은 완성된 답을 전하기 위한 글이 아닙니다. 은혜와 감사를 찾아 위로를 받으며 살아온 한 사람의 기록입니다. 그래서 이 글이 누군가에게는 위로가 되고, 누군가는 은혜와 감사로 잠시 숨 고르는 시간이 되기를 바랍니다.

비틀거려도 괜찮습니다. 다시 힘을 내어 한 걸음만 걸어가면 됩니다. 괜찮습니다. 힘내십시오.

2026년 2월에

박진도 합장

차례

작가의 말 … 06

1 익숙하면 소홀해진다 … 12
2 마음 도장은 어떤 모양일까 … 14
3 은혜받는 생활, 은혜 베푸는 생활 … 16
4 선택할 기회는 내가 만든다 … 19
5 두리번거리지 마세요 … 22
6 깨달음은 얻어서 무엇 하는가 … 26
7 색즉시공 공즉시색 … 28
8 감사하고 보은하자 … 30
9 무엇이 중요하고 무엇이 귀한가 … 32
10 업라인 서원선 … 34
11 무관심한 돼지와 배고픈 돼지 … 36
12 생사를 해결하는 네 가지 길 … 38

13 익을수록 겸손해야 한다 … 40
14 흐린 날만 계속되지 않는다 … 44
15 작은 돌멩이도 흔적을 남깁니다 … 48
16 욕심은 풀잎처럼 자란다 … 52
17 잡고 놓기를 자유 하라 … 55
18 기적의 하루 … 58
19 나눌 것이 참 많다 … 60
20 중생의 다른 이름은 분별 … 63
21 드라마틱하지 않은 인생은 없다 … 66
22 어쩔뻔했어 … 70
23 가죽 주머니를 놓아라 … 73
24 부처의 자리 … 76
25 마음을 바꾸는 세 걸음 … 78
26 내 하늘에 담으면 내 것이다 … 80

27 괜찮다 힘내라 … 83

28 그럴 수 있어 … 86

29 인생은 퍼즐 … 91

30 내가 나인 건 변함이 없다 … 94

31 그땐 몰랐다 … 96

32 가끔 속아 넘어가자 … 99

33 경계 탐험꾼과 수행 쇼핑객 … 103

34 나를 흔드는 것에 대하여 … 106

35 없어서는 살 수 없는 것 … 110

36 바닥을 쳤다, 그리고 바닥을 다졌다 … 114

37 마음이 살아 있기에 사심과 잡념이 생긴다 … 120

38 그래도 감사 … 124

39 인생 회기 … 128

40 바보로 살아가기 … 134

41 어항 속 물고기 … 136

42 그것밖에 모르면 그것밖에 선택할 수 없다 … 138

43 시도가 곧 열매다 … 140

44 혼자 1등은 결국 꼴등이다 … 142

45 노란 사과와 빨간 바나나 … 146

46 살아갈 이유가 생겼다 … 148

47 원망의 창을 막는 갑옷 … 150

48 시장에는 과일만 팔지 않는다 … 152

49 우연이 필연인 이유 … 154

50 욕심 다이어트 … 157

51 운의 진짜 얼굴 … 160

52 기도는 다시 서는 과정 … 162

53 나만의 무기는 '부족함' … 164

54 그런 사람이어도 괜찮구나 … 166

1 익숙하면 소홀해진다

처음엔 새롭고 소중했던 관계도 시간이 지나면 익숙해집니다. 익숙함은 편안함을 주지만, 그 안에 소홀함이 숨어 있습니다. 가까운 사람에게 '괜찮겠지'라는 생각이 쌓이면 언제부턴가 존중과 배려가 사라지고 마음의 거리가 생깁니다.

"가장 가까운 사이에 큰 원수를 짓기 쉽나니, 가까운 사이일수록 조심하라."

가까움이 조심하지 않으므로 이어질 때, 오해와 원망의 씨앗이 됩니다. 그래서 더 가까운 사람일수록 더 세심해야 합니다.

더 묻고, 더 살피고, 더 존중해야 합니다.

도공이 매일 같은 마음으로 흙을 빚어 달항아리를 완성하듯, 관계도 처음 마음으로 정성껏 다루어야 깊어집니다. 진정한 존경은 거리가 아니라 마음에서 나옵니다.

늘 처음처럼 마음을 다해 바라볼 때 인연은 변하지 않고 더욱 단단해집니다.

2 마음 도장은 어떤 모양일까

우리는 매일 마음에 도장을 찍으며 살아갑니다.

그 도장은 누군가를 만나서 주고받는 말과 행동으로 만들어집니다. 따뜻한 마음으로 찍은 도장은 밝고 선명하게 남아 나와 타인의 관계를 따뜻하게 하지만, 무심히 찍은 도장은 금세 희미해지고 관계를 멀어지게 만듭니다.

어린아이가 부모의 손을 꼭 잡을 때 느끼는 온기, 그 한 번의 경험이 평생 마음 도장으로 남습니다. 마찬가지로 우리의 말 한마디, 눈빛 하나, 행동 하나가 누군가의 마음에 지워지지 않는 도장을 남깁니다.

"육신의 발자취는 땅에 남고, 마음이 발한 자취는 허공에 도장 찍히며, 사람의 일생 자취는 끼쳐 둔 공덕으로 세상에 남는다."

그래서 우리는 늘 공경과 정성을 담아 마음 도장을 찍어야 합니다. 특히 가까운 사람일수록 더 신중하고 따뜻한 마음으로 찍어야 합니다.

익숙함 속의 무심함이 아닌 매 순간 처음처럼 진심을 담을 때, 그 마음 도장은 아름다운 인연의 문양이 됩니다.

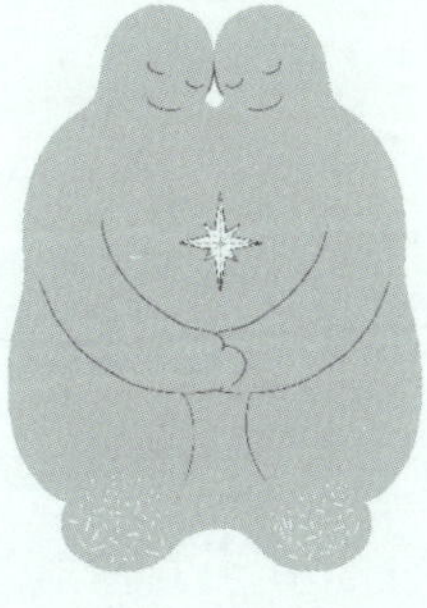

3 은혜받는 생활, 은혜 베푸는 생활

삶은 은혜의 흐름 속에 있습니다.

우리는 누군가의 도움과 사랑 속에서 살아가며 날마다 크고 작은 은혜를 받고 있습니다. 이런 은혜를 자각하고 감사하며, 나아가 은혜를 베푸는 삶을 살아야 합니다.

은혜받는 생활은 내가 해야 할 일은 하지 못하면서 바라기만 하고, 남들과 비교하면서 원망과 미움만 찾고, 잘못하고도 반성이 없는 생활입니다.

나의 편함을 다른 사람의 수고보다 더 크게 여기는 사람은 감사를 모르는 사람입니다. 우리의 삶은 고통과 즐거움이 함께 어우러져 있습니다. 즐거움만 계속되기를 바라는 마음은 신앙인의 태도가 아닙니다. 은혜 베푸는 생활은 늘 감사하며 보은의 삶을 살아가는 생활입니다.

"감사 생활만 하는 이는 늘 사은의 도움을 받게 되고, 원망 생활만 하는 이는 늘 미물에게서도 해독을 받는다."

감사하면 해로움 속에서도 은혜를 발견합니다. 분별을 떠나 하나가 되면 은혜가 충만합니다.
남에게 은혜를 베푼다고 생각해도 사실은 내 마음속 은혜를 키워주는 것이고, 스스로 행복을 만드는 길을 걸어가는 생활이 되기 때문에 더 큰 은혜를 받고 살아가게 됩니다.

시골 교회를 다니는 할머니 한 분은 교회를 나오는 모든 신자를 알뜰히 챙겼습니다. 그 집 숟가락이 몇 개가 있는지 알 정도로 어린아이들까지 잘 챙겼습니다. 그분이 세상을 떠났다는 소식을 들은 교회 신자들은 내 어머니가 돌아가신 것처럼 빈소를 찾아와 슬퍼하고 함께 했습니다.

은혜는 돌고 돌아 새로운 인연을 만들고, 감사는 실천으로 꽃피어납니다. 은혜를 받는 생활은 감사의 시작이고, 은혜를 베푸는 생활은 감사의 완성입니다.
받은 은혜를 다시 세상에 돌려주는 순간, 그 마음은 이미 진리의 자비를 닮아있습니다.

4 선택할 기회는 내가 만든다

우리는 하루에도 수십 번 선택합니다.
점심 메뉴에서부터 대화의 태도, 마음의 방향까지, 선택의 순간은 늘 우리 곁에 있습니다.
선택할 기회는 사람마다 다릅니다. 선택의 폭이 넓은 사람은 다양한 가능성을 경험하며 책임과 용기를 갖고 선택할 수 있습니다. 선택의 폭이 좁은 사람은 늘 쫓기고 남을 의식하며 잘못을 남 탓으로 돌리기 쉽습니다.

선택의 폭을 넓히기 위해서는 다양한 경험과 시도가 필요합니다.

에디슨이 전구를 발명할 때 실패가 아니라 수천 가지 안 되는 방법을 알아갔듯이, 많은 가능성을 접해야 올바른 선택이 나옵니다.

삶의 모든 순간, 기쁨과 슬픔은 나를 망치지 않고 나를 만듭니다. 좁은 시야에 갇히면 선택은 강요처럼 느껴지고, 넓게 볼 때 비로소 진정한 선택이 시작됩니다.
기회는 주어지는 것이 아니라 내가 만드는 것입니다. 작은 도전, 꾸준한 습관, 용기 있는 행동이 기회를 불러옵니다.

손흥민 선수가 세계적인 축구 선수가 된 것은 아버지의 지도도 있었지만, 매일 반복된 훈련과 자기 선택의 결과입니다. 준비하는 사람에게 우연은 기회가 되지만, 준비하지 않은 사람에게 우연은 스쳐 지나갈 뿐입니다.

기회를 잡으려면 자격을 갖춰야 합니다.

실력과 인격, 마음가짐, 신뢰가 갖춰져야 기회를 감당할 수 있습니다. 단순한 재능만으로는 충분하지 않습니다. 다른 사람을 이해하고 배려하는 마음 또한 기회를 잡는 기준이 됩니다.

선택은 조건이 아니라 태도의 문제입니다. 선택의 폭을 넓히고, 스스로 기회를 만들며, 그것을 감당할 자격을 갖춘다면, 우리는 어떤 상황에서도 당당히 선택할 수 있습니다.

선택의 주체는 결국 나 자신입니다.

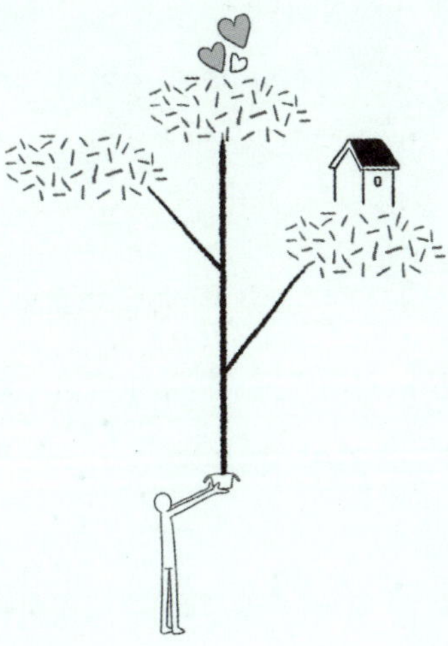

5 두리번거리지 마세요

삶을 살다 보면 마음이 흔들리고, 방향을 잃을 때가 있습니다. 그럴수록 우리는 더 두리번거리며 무언가를 찾으려 하지만, 정작 중요한 것은 멀리 있지 않습니다. 두리번거림은 마음의 불안에서 시작됩니다.
불안한 마음을 따라다니다 보면 놓치지 말아야 할 지금 순간을 잃어버립니다.

산길에서 길을 잃었을 때처럼 계속 주위를 둘러보면 더 혼란스러워집니다. 잠시 멈추어 서서 숨을 고르고, 중심을 다시 잡을 때 비로소 길이 보입니다.

밖으로부터 오는 경계는 순경이든 역경이든 다 자기 그림

자입니다. 경계는 현상에 불과하고, 현상에 마음을 빼앗기면 중심을 잃게 됩니다.
업이 나를 끄는 것이 아니라 내가 업을 '도구'로 사용할 수 있어야 합니다.

화가 치밀어도 마음의 중심을 먼저 세우세요.
두려움이 밀려와도 그 에너지를 결단력으로 바꾸세요.
욕심이 올라와도 그것을 성찰의 기회로 삼으세요.

업이 나를 지배하는 힘이 아니라 나를 돕는 힘으로 바뀝니다.

두리번거림을 멈추고 지금 내 자리, 내 인연, 내 일에 마음을 모을 때 삶은 이미 바른길 위에 서 있습니다.

“

가장 가까운 사이에
큰 원수를 짓기 쉽나니,
가까운 사이일수록 조심하라.

”

6 깨달음은 얻어서 무엇 하는가

깨달음은 머리로 아는 것이 아닙니다. 그것은 마음으로 느끼고, 행동으로 옮길 때 진짜 빛이 납니다. 지식으로 쌓은 깨달음은 이론에 머물지만, 삶 속에서 실천된 깨달음은 세상을 따뜻하게 만듭니다.

한 수도승은 깨달음은 산에 들어가 얻는 것이 아니라 세상으로 나와 검증받는 것이라고 했습니다. 진정한 깨달음은 사람과의 관계 속에서 드러납니다.

더 이해하고, 더 용서하고, 더 사랑하게 만드는 힘, 그것이 깨달음의 참된 쓰임입니다. 도를 알고자 하는 것은 용처에 당하여 쓰고자 하는 것입니다.

"더위를 당하여 부채를 쓸 줄을 모른다면 부채 있는 효력이 없다."

어떤 진리를 이해하는 데는 몇 분이면 충분할 때가 많습니다. 하지만 그 진리를 삶에 적용하려면 며칠, 몇 달, 어떤 것은 평생이 걸립니다. 아는 것은 고정될 수 있지만 행하는 것은 매 순간 새롭게 선택해야 합니다.

행함은 결과를 책임져야 합니다. 행한다는 건 '인생을 걸고 실행하는 결정'입니다.

깨달음을 얻었다면 이제 사용해야 합니다.

알고만 있고 행하지 않는다면 그 깨달음은 허깨비에 지나지 않습니다.

깨달음은 삶을 살리고, 인연을 따뜻하게 만들며, 나를 새롭게 변화시키는 힘입니다.

그래서 깨달음은 얻는 것이 아니라 매일 써야 하는 삶의 실천입니다.

7 색즉시공 공즉시색

'색즉시공 공즉시색'은 부처님의 가르침입니다.
모든 형상은 본래 공하며, 공 또한 형상으로 드러난다는 말씀입니다. 한 청년이 물었습니다.
"세상에는 진짜가 없나요?"
스승은 미소 지으며 답했습니다.
"모든 것은 변하니 진짜가 없지. 하지만 그 변하는 것 속에서 진짜를 볼 수 있어야 한다."

'색즉시공'은 우리가 집착하는 물질과 감정, 생각이 본래 실체가 없는 허망한 것임을 말합니다. 그러나 '공즉시색'은 그 비어 있음이 다시 형상으로 드러난다는 뜻입니다.
비어 있음과 가득 참은 둘이 아니며, 이 둘이 하나일 때 진

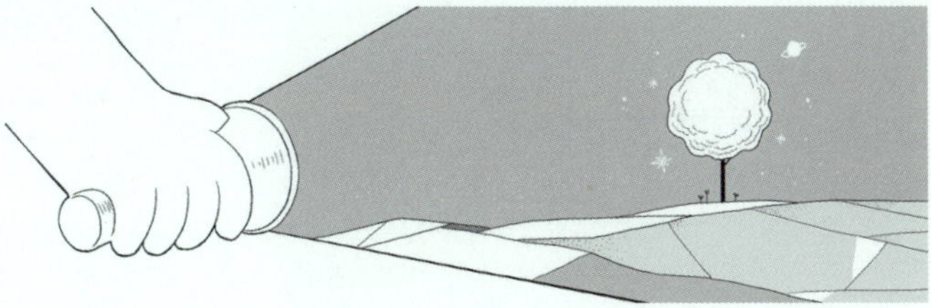

리가 드러납니다.

삶의 괴로움도 이와 같습니다. 괴로움이 실체가 아님을 알면 집착에서 벗어날 수 있고, 그 괴로움을 삶의 일부로 껴안을 때 그 안에서 새로운 깨달음이 피어납니다.

모든 것은 덧없지만 그 덧없음 속에 영원한 진리가 깃들어 있습니다. 공 속에서 색을 보고, 색 속에서 공을 볼 때 비로소 우리는 삶을 온전히 이해하게 됩니다.

8 감사하고 보은하자

감사는 마음의 꽃이고, 보은은 그 꽃이 맺는 열매입니다.
은혜를 알고 감사할 줄 모르면 받은 복도 사라집니다.
감사만 하고 보답하지 않으면 인연이 시들어갑니다.

한 노승이 말했습니다.
"감사는 마음에서 나오고, 보은은 발걸음으로 이어진다."
감사의 마음만으로는 충분하지 않습니다. 그 마음이 행동으로 옮겨질 때 비로소 은혜가 완성됩니다.

"은혜를 저버리는 것은 피은·보은·배은을 알지 못하는 것과 설사 안다 할지라도 보은의 실행이 없는 것이다."

가까운 가족부터, 나를 이끌어준 스승과 도반에게까지 고마움을 말로 전하고 행동으로 실천하는 것이 보은의 삶입니다.

감사의 마음이 깊을수록 보은의 실천도 커집니다. 그렇게 우리의 삶은 더욱 따뜻하고 밝아집니다.

9 무엇이 중요하고 무엇이 귀한가

세상에는 많은 일이 있고 수많은 목표가 있습니다.
그러나 그 속에서 정말 중요한 것이 무엇인지 우리는 자주 잊고 삽니다.

어떤 이는 돈을 벌기 위해 바쁘게 살다가 가족의 얼굴조차 기억하지 못한 채 병상에 누워서야 말합니다.
"이제야 알겠어요. 정말 귀한 건 곁에 있던 사람들이었어요."

시간보다 중요한 것은 방향, 일보다 귀한 것은 마음입니다.

귀한 것은 멀리 있지 않습니다.
늘 곁에 있지만 보려는 마음이 없으면 보이지 않습니다.

진짜 귀한 것은 화려한 것이 아니라 소박하지만 변함없는 것들입니다.

10 업라인 서원선

과거는 이미 정해진 그림처럼 우리 앞에 놓여 있습니다. 그것이 '업'입니다. 그러나 그 그림 위에 어떤 색을 더할지는 '서원' 곧 우리의 의지에 달려 있습니다.

한 사람이 가난이라는 업을 탓하지 않고, '나는 이 삶을 딛고 새 길을 열겠다.'라는 서원을 세웠다면, 그 서원이 그의 인생을 새 방향으로 이끌 것입니다.
결국 업은 운명이 아니라, 서원을 통해 넘어설 수 있는 발판이 됩니다.

"수도와 행동 여하에 따라서 각자 업인으로 진급 혹은 강급이 된다."

과거의 업은 바꿀 수 없지만, 그 업을 어떻게 받아들이느냐에 따라 인생은 달라집니다. 과거는 물려받은 길이지만, 서원은 내가 개척하는 길입니다.

업에 매이지 말고, 서원으로 중심을 잡을 때 우리는 비로소 자신의 삶을 창조하는 주인이 됩니다.

11 무관심한 돼지와 배고픈 돼지

우리 안에는 두 가지 모습이 있습니다.
하나는 무관심한 돼지로 아무것도 바라지 않고, 아무 질문도 하지 않는 마음의 닫힘입니다.
다른 하나는 배고픈 돼지로 끊임없이 무언가를 원하지만, 욕구를 채우는 데만 집중하는 중심 없는 마음입니다.

한 청년이 말했습니다.
"전 아무것도 모르겠어요. 그냥 되는 대로 살아요."
스승은 답했습니다.
"그건 무관심한 돼지의 길이지. 네 삶의 주인이 되어야 하지 않겠니?"

"서원과 마음공부에 끊임없는 공을 쌓아야 한없는 세상에 혜복의 주인공이 된다."

진정한 마음공부는 이 두 가지에서 벗어나는 데서 시작됩니다. 무관심에서 깨어나고, 욕망에 휘둘리지 않으며 중심을 잡을 때, 비로소 우리는 사람다운 삶을 살아갈 수 있습니다.

12 생사를 해결하는 네 가지 길

삶과 죽음은 누구에게나 피할 수 없는 문제입니다.
죽음을 두려워하기보다, 그 의미를 묻고 길을 찾는 것이 중요합니다. 불법에서 말하는 해탈은 죽음을 넘는 것이 아니라, 죽음 속에서도 흔들리지 않는 평화를 얻는 것입니다.

생사를 해결하는 네 가지 길이 있습니다.
첫째, 업을 아는 것으로 과거의 원인과 결과를 이해하는 지혜입니다.
둘째, 마음을 다스리는 것으로 흔들리지 않는 중심을 세우는 수행입니다.
셋째, 서원을 세우는 것으로 바른 다짐으로 미래를 이끄는 힘입니다.

넷째, 은혜를 갚는 것으로 받은 은혜에 보답하며 관계를 온전히 하는 삶입니다.

죽음은 끝이 아니라 과정입니다.
그 과정을 어떻게 맞이하느냐가 중요하며, 지금 이 삶을 바르게 살 때 생사도 평온하게 맞이할 수 있습니다.

생사를 초월하는 길은 바로 지금, 바르게 살아가는 삶 속에 있습니다.

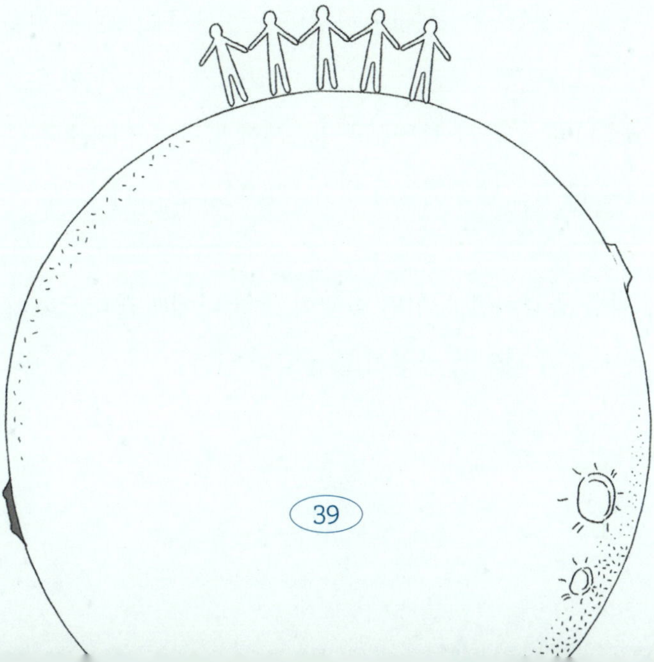

13 익을수록 겸손해야 한다

모든 것은 번성하면 반드시 쇠하고, 쇠하면 다시 일어납니다. 이것은 자연의 이치이자 인간 삶에도 그대로 적용됩니다.

우리가 익어간다는 것은 나이가 들고, 경험이 쌓이며, 세월 속에서 삶을 배우는 것을 뜻합니다. 하지만 익는다고 반드시 좋은 것만 생기는 것은 아닙니다. 연륜이 고집으로 변할 수 있고, 경험이 훈계로 변하며, 세월이 간섭으로 변할 수도 있습니다. 그래서 익을수록 겸손해야 합니다. 익을수록 아량을 넓히고, 남을 공경하며, 자신을 낮출 줄 압니다.

"남을 공경하고 높이면 이것이 또한 나에게 돌아오나니 곧 자기가 자기를 공경하고 높임이 된다."

아직 덜 익은 벼는 빳빳하게 하늘을 향하지만, 알곡이 차오르면 저절로 고개를 숙이듯 진리와 경험의 알곡을 채운 사람도 자연스럽게 낮아지고 겸손해집니다.
겸손은 무너짐을 막아주는 힘이 되고, 아량은 사람을 모이게 하는 덕이 됩니다.

연세가 많은 한 어르신은 늘 "나는 아직 배워야 할 것이 많다."라고 말씀하시며, 젊은이와 어린아이의 말에도 귀 기울였습니다. 그분 곁에는 사람들이 모였습니다. 말 때문이 아니라, 겸손한 태도 때문이었습니다.
반대로 나이가 들면서 '내가 다 해봤어'라고만 말하는 사람은 주위가 점점 줄어듭니다. 연륜으로 무거운 짐을 함께 지고, 경험으로 남의 상처를 다독이며, 세월로 쌓인 먼지를 털어주는 사람이 되어야 합니다.

이것이 바로 진리 앞에서 익어가는 우리의 모습입니다.

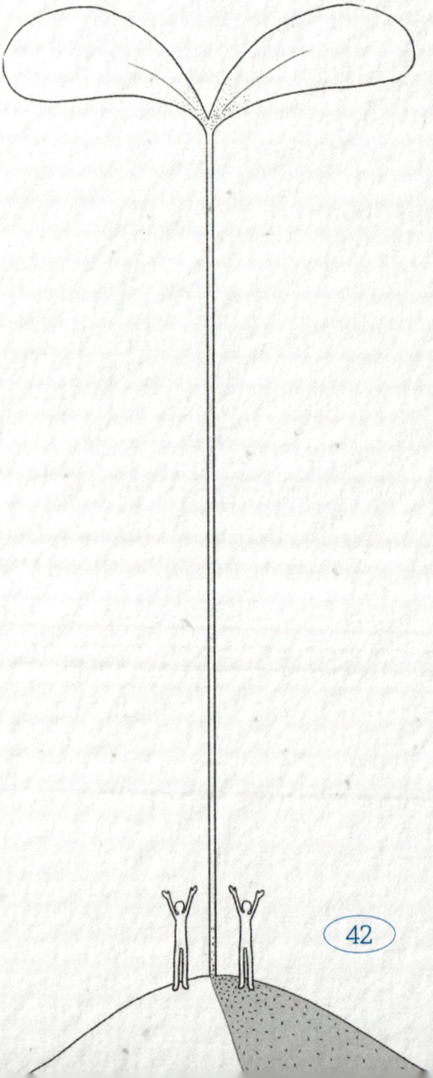

“

남을 공경하고 높이면
이것이 또한 나에게 돌아오나니
곧 자기가 자기를
공경하고 높임이 된다.

”

14 흐린 날만 계속되지 않는다

맑은 날만 계속되지 않고, 흐린 날만 계속되지 않습니다.
우리는 밝고 좋은 일만 이어지길 바라지만, 삶은 언제나 뜻대로 흘러가지 않습니다.
때때로 바라지 않는 일은 찾아오고, 기대했던 일은 보이지 않을 때가 많습니다. 그러나 비가 오면 그치고, 구름이 몰려오면 걷히며, 바람이 불면 또 고요가 찾아옵니다. 이것이 자연의 순환입니다.

"인과의 이치에 따라 사람의 정신 기운과 주변의 경계 또한 어느 때에는 상쾌하고 어느 때에는 침울하다."

자연과 마음의 흐름을 이해하면 변화 속에서도 흔들리지

않고, 수양의 마음을 유지할 수 있습니다. 우리 인생 역시 자연과 다르지 않습니다.

젊음이 있으면 늙음이 있고, 건강이 있으면 병듦이 있으며, 만남이 있으면 이별이 있습니다. 좋을 때가 있으면 힘들 때가 있고, 슬플 때가 있으면 기쁠 때가 있습니다.

이 순환을 억지로 막으려 하거나, 좋은 일만 바라면 집착과 욕심이 생기고, 마음이 어두워집니다.

한 농부는 매일 맑은 날만 오기를 바라며 기도했습니다. 그러나 해가 너무 오래 비치자, 논밭은 메말랐습니다. 그때

그는 깨달았습니다. '비가 와야 곡식이 자라고, 바람이 불어야 꽃이 싱그러워지는구나.'

흐린 날은 헛된 날이 아니라 생명을 기르는 날이며, 눈물 섞인 시간은 마음을 단단하게 만드는 날입니다.

마음공부의 핵심은 좋은 일은 감사히 받고, 어려운 일은 성찰과 공부로 삼는 것입니다.
맑은 날에는 기뻐할 줄 알고, 흐린 날에는 배우고 성찰할 줄 알 때, 우리는 자유롭고 평온한 삶을 살아갈 수 있습니다.

"성현들은 좋을 때 교만하지 않고, 괴로울 때 낙심하지 않는다."

우리도 자연의 순환과 인생의 흐름을 받아들이고, 기쁨과 슬픔, 성공과 실패, 건강과 병듦 모두를 삶의 과정으로 받아들이며 감사와 공부로 매 순간을 채워야 합니다.

오늘 하루, 어떤 날씨를 맞이하더라도 감사와 성찰로 인생을 살아가야 합니다.

15 작은 돌멩이도 흔적을 남깁니다

삶에서 큰 사건만이 기억에 남는 것은 아닙니다.
작은 돌멩이 하나도 그 자리에 흔적을 남기듯, 우리의 사소한 행동과 선택도 삶의 바탕 위에 뚜렷한 흔적을 남깁니다.
때로는 자신이 작다고 느껴 포기하고 싶을 때가 있지만, 바로 그 순간에도 우리는 누군가에게, 혹은 스스로 의미 있는 흔적을 새기고 있는 것입니다.

한 교무님은 허리를 다쳐 병원을 오가면서 평소에는 미처 보지 못했던 것들을 발견했습니다. 건강할 때는 바쁘다는 이유로 둘러보지 못했던 삶의 풍경과 사람들, 소소한 순간들이 아픔을 통해 새롭게 눈에 들어온 것입니다.
병고와 어려움은 단순한 고통이 아니라, 삶을 다시 바라보고 감사할 기회를 주는 은혜가 되기도 합니다.

삶의 이런 면을 서양에서는 '딤플 효과'라고도 표현합니다. 골프공 표면의 작은 홈, 딤플이 공을 더 멀리 날아가도록 돕듯, 우리의 약점과 결핍도 성장과 지혜의 발판이 될 수 있다는 뜻입니다.
몸이 약하거나, 외모가 뛰어나지 않거나, 경험이 부족한 사람도 이를 지혜와 인격으로 채워 삶을 풍요롭게 만들 수 있습니다. 완벽하지 않음 속에서도 삶의 흔적을 깊게 남기고, 작은 결핍을 디딤돌로 삼는 삶을 '딤플 라이프'라고 부를 수 있습니다.

감사와 원망도 우리의 흔적을 색칠합니다. 같은 사건이라도 감사로 바라보면 아픔은 지혜와 성숙으로 바뀌고, 원망으로 바라보면 기쁨조차 불행으로 느껴집니다.

"지은 복도 남이 알아주지 않는 가운데 그 복이 더 커지는 것이며, 내가 조금 부족한 자리 고생된 자리에 있어야 앞으로 펴일 날이 있다."

작은 자리, 보잘것없어 보이는 자리에서의 꾸준한 노력과 인내가 미래의 큰 결실을 만드는 법입니다.
우리 삶의 흔적은 누구를 만나느냐에 따라 달라집니다. 좋은 인연과 함께라면 향기를 풍기고, 잘못된 영향 속에서는 썩은 냄새가 나기도 합니다.

누군가의 마음을 살리고, 주위 사람들에게 선한 영향을 주는 사람이 진정한 주인공입니다. 작은 돌멩이처럼 사소해 보이지만, 그런 사람의 삶은 오래도록 기억되고 많은 사람에게 힘이 됩니다.

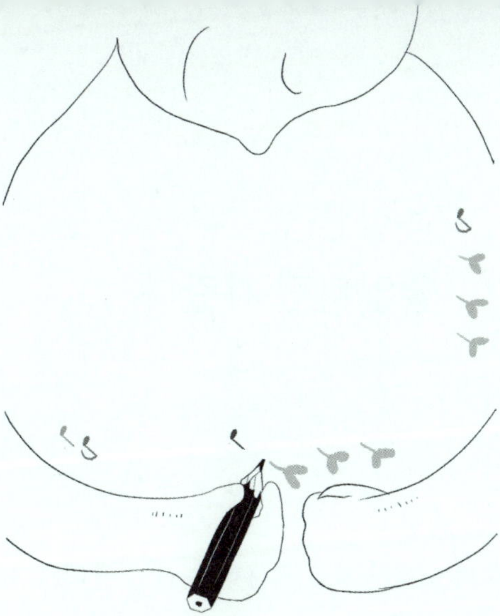

중요한 것은 자신의 삶을 어떻게 바라보고, 작은 순간에도 의미 있는 흔적을 남기느냐입니다. 작다고 소홀히 여기지 않고 매일의 선택과 행동 속에서 감사와 성실을 쌓아갈 때, 우리는 삶에서 깊은 흔적을 남기게 됩니다.

오늘 나의 작은 돌멩이 하나하나를 어떻게 놓고 있는지 돌아볼 시간입니다.
내 삶의 흔적이 누군가에게 힘이 되고, 나 자신의 기쁨이 될 수 있도록, 오늘도 마음을 다해 살아가야겠습니다.

16 욕심은 풀잎처럼 자란다

욕심은 우리 마음속에서 조용히 자라는 풀잎과 같습니다. 처음에는 아주 작은 생각에서 시작되지만, 자라면 삶을 무겁게 짓누르고 관계를 흐리기도 합니다.
욕심의 본질은 단순한 탐욕이 아니라, 부족함에서 오는 결핍, 붙잡으려는 집착, 자아 확장 욕구, 그리고 두려움입니다. 욕심은 마음의 그림자이자, 나약함과 불안을 감추는 또 다른 얼굴입니다.

욕심을 다스리는 길은 세 가지입니다.
첫째, 마음의 주인이 되어 욕심에 끌려다니지 않고 스스로 다스릴 때 삶은 바른길로 나아갑니다.
둘째, 해야 할 일을 먼저 하고, 하고 싶은 일은 그 뒤에 하면 삶의 균형이 유지됩니다.

셋째, 욕심이 정당한 일에 쓰이도록 점검하는 것입니다. 욕심은 바른길로 향하면 힘이 되지만, 부당하게 쓰이면 문제를 일으킵니다.

"작은 욕심을 큰 서원으로 돌리고, 나만을 위한 욕심을 모두를 위한 일로 바꾸면, 마음은 자연히 넉넉하고 자유로워진다."

풀잎처럼 조용히 자라는 욕심을 알아차리고 길들이는 것이 바로 삶을 지혜롭게 만드는 첫걸음입니다.

“

인과의 이치에 따라

사람의 정신 기운과 주변의 경계 또한

어느 때에는 상쾌하고

어느 때에는 침울하다.

”

17 잡고 놓기를 자유 하라

세상은 바라보는 시선에 따라 달라집니다. 17세기 프랑스 시인 라퐁텐의 이야기처럼, 머리 위에 떨어진 도토리에 맞고서야 비로소 '호박이 떨어졌으면 어쩔뻔했어.' 하고 깨닫듯, 우리 삶의 모든 사건에는 이유가 있습니다.

같은 상황이라도 불평의 눈으로 보면 불행이 되고, 감사의 눈으로 보면 축제가 됩니다. 모든 것은 내 마음 안에서 만들어집니다.
마음은 순간이자 상대이며, 안과 밖을 오가고, 미움과 사랑, 집착과 자유가 얽히는 복잡한 작용입니다. 좋은 결과든 나쁜 결과든, 모든 것은 마음이 지어낸 일입니다.

"불보살은 정할 때 정하고, 동할 때 동하며, 살 때 살고 죽을 때 죽는 것처럼, 마음이 자유로울 때 우리는 상황에 얽매이지 않는다."

묘한 것을 알면 묘한 것에 매이게 되고, 매임은 차별과 욕심, 불안으로 이어집니다. 참된 깨달음은 묘한 것조차 묘하지 않음을 아는 데 있습니다.

항아리 속 땅콩을 움켜쥔 원숭이는 그것을 놓지 못해 자유를 잃게 됩니다. 집착과 욕심을 내려놓지 못하면 마음은 갇히지만, 손을 펴고 놓을 때 비로소 자유가 찾아옵니다.

마음의 여유와 자유는 단번에 얻어지지 않습니다. 스승이 찻잔에 차를 넘치게 따라 보여주듯, 이미 가득 찬 마음을 비우지 않으면 새로 담을 수 없습니다. 꾸준히 참고, 반복하며 적공을 쌓아야만 심력과 자재함이 생깁니다.

"하고 또 하는 마음공부 속에서 우리는 집착에서 벗어나고, 새로운 지혜와 자유를 얻게 된다."

잡고 놓는 선택의 자유는 나 자신에게 달려 있습니다. 놓을 용기와 참는 힘을 쌓을 때, 마음은 비로소 가벼워지고 세상을 있는 그대로 받아들이는 지혜가 생깁니다.

18 기적의 하루

기적은 거창하거나 특별한 순간에만 찾아오지 않습니다. 천둥번개처럼 격렬하거나 한겨울 얼어붙은 땅에서 피어난 꽃처럼 극적일 수도 있지만, 실제로 기적은 평범한 얼굴로 우리 곁에 다가옵니다.

속으로 무너져도 버티고 가족을 위해 웃고 스스로 다독이며 다시 일어서는 성실한 아버지의 얼굴로, 상대의 말과 마음에 귀 기울이며 조용히 눈을 맞추며 소중한 인연을 깨닫는 사랑의 순간으로, 무심하던 이가 감사하며 손을 내밀고, 자책하던 자신을 용서하며 눈물짓는 공감으로 기적은 다가옵니다.

기다림 속에서, 침묵 속에서 조용히 지나간 순간들을 뒤돌아보면, 보이지 않던 시간조차 기적의 일부였음을 깨닫게 됩니다. 기적은 마음의 힘에서 싹트고, 방향을 잃지 않을 때 완성됩니다.

"오래 평범을 지키면서 꾸준한 공을 쌓는 사람은 특별한 인물이다."

방향을 잃지 않고 꾸준히 나아가는 것, 오늘 하루 살아 있음 자체, 숨 쉬고 느끼는 모든 순간이 기적입니다.

기적은 특별한 날이 아니라, 살아 숨 쉬는 오늘 속에 있습니다. 나의 얼굴, 나의 하루, 나의 마음이 바로 기적을 만드는 자리입니다.

마음을 믿고, 방향을 붙들고, 오늘을 감사히 살아가는 것.
그것이 날마다 기적으로 만드는 방법입니다.

19 나눌 것이 참 많다

인생에서 우리가 모으는 것들은 많습니다.
지식, 재물, 물건…. 삶의 마지막에 우리 곁에 남는 것은 모은 것이 아니라 베푼 것입니다.

누군가에게 따뜻함을 건네고, 절망 속의 이에게 희망을 전하며, 흔들리는 마음에 믿음을 나눌 때, 우리는 진정한 삶의 기쁨을 느낍니다.
진정한 나눔은 거창한 것이 아닙니다. 따뜻한 마음, 희망의 말, 미소 하나만으로도 충분합니다.

나누기 위해서는 먼저 마음의 힘이 필요합니다.
준비되지 않은 마음으로는 나눔이 분별과 상으로 이어질

수 있습니다. 오랜 시간 내면에서 힘을 키워, 꽃을 피우는 난처럼 마음의 힘이 차곡차곡 쌓일 때 진정한 나눔이 시작됩니다.

나눔은 남는 것을 주는 것이 아니라 가장 소중한 것을 줄 수 있는 용기에서 시작됩니다.
마음 한쪽에 남겨둔 아까움과 상념이 있다면, 그것은 오히려 나눔을 왜곡할 수 있습니다. 상이 남지 않고, 주었다는 생각조차 없는 순수한 마음이야말로 오래도록 은혜와 복으로 이어집니다.

진정한 나눔에는 또한 상대가 원하는 것을 헤아리는 지혜가 필요합니다. 내게 소중한 것이 남에게도 반드시 소중한 것은 아니기 때문입니다. 상대의 마음과 상황을 이해하고, 그가 필요로 하는 것을 주는 것이 참된 나눔입니다.

정현종 시인의 '방문객'이란 시처럼, 한 사람이 온다는 것은 그 사람의 과거, 현재, 미래가 함께 오는 것과 같습니다.

그 깊이를 헤아릴 때, 우리는 진정한 환대와 나눔을 실천할 수 있습니다.
결국 우리는 누구나 나눌 수 있는 존재입니다. 말 한마디, 손길 하나, 마음의 기도까지도 나눌 수 있습니다.

오늘, 이 순간 작은 것이라도 나누어 보는 것.
그것이 삶을 풍요롭게 하고, 기쁨을 더하는 길입니다.

20 중생의 다른 이름은 분별

한 알의 티끌이 눈에 들어오면, 없던 헛꽃이 피어나고 마치 세상 전체를 뒤흔드는 것처럼 보입니다. 실제로 세상은 변하지 않았지만, 내 마음은 분별의 소용돌이에 휘말립니다.
작은 말 한마디, 스치는 표정 하나, 한 장면….
그것은 내 마음이 만들어낸 분별입니다. 경계를 따르지 않고 분별을 멈출 때, 세상은 그대로 평온함을 드러냅니다.

"우리의 성품은 본래 선악의 분별과 집착이 없는 상태이다."

마음을 잘 단련하면 악심은 줄어들고, 양심은 자라 혜복이 넉넉해집니다.

우리의 천만 죄복은 이 심전 계발에 달려 있습니다.

한 스님은 수행 중 눈에 들어온 모래 알갱이 하나로 인해 모두가 자신에게 손가락질하는 것으로 알았습니다.
눈을 씻고 다시 바라보니, 모든 것이 평화롭고 고요했습니다. 분별은 마음 안의 티끌과 같습니다. 현실은 변하지 않았지만, 마음이 시비를 만들었을 뿐입니다. 분별을 멈추면, 우리는 있는 그대로의 세상을 볼 수 있습니다.

'인정하되 고뇌하지 말고, 분별하되 집착하지 말라. 사랑하되 의지하지 말고, 바라보되 붙들지 말라. 미워하되 종속되지 말고, 싫어하되 포로가 되지 말라. 떠나되 돌아보지 말고, 버리되 후회하지 말라.'라는 말은 많은 것을 깨닫게 합니다.

오늘의 마음과 선택이 내일의 내가 됩니다.
후회하며 하루를 허비한다면, 내일도 같은 마음이 반복될 뿐입니다.

오늘을 깨어 살면, 내일의 삶의 풍경은 달라집니다.

한 청년은 매일 밤 '내일의 나에게 편지 쓰기'를 실천했습니다. 오늘의 감사와 후회를 적고, 내일의 자신에게 따뜻한 마음을 전했습니다.
100일이 지나, 그는 처음 썼던 편지를 돌아보며 스스로 위로하고, '오늘의 선택이 내일을 바꾼다'는 것을 깨달았습니다.

어느 사진작가의 비유처럼, '산은 늘 같은 자리에 있어도, 어떤 눈과 마음으로 바라보느냐'에 따라 사진은 전혀 달라집니다.
오늘의 마음, 오늘의 행동이 내일을 찍는 렌즈입니다.

미래는 먼 곳에 있지 않습니다. 지금 이 순간의 선택과 마음이 내일의 나를 만들어 갑니다. 오늘을 진실하게 살면, 후회도 줄고 내일도 달라집니다.

21 드라마틱하지 않은 인생은 없다

'내 인생은 참으로 순탄했다.'라고 자신 있게 말할 수 있는 사람이 있을까요? 아마 대부분은 '내 인생은 참으로 드라마틱했다.'라고 답할 것입니다. 내 인생이기 때문입니다.
남의 삶을 바라볼 때는 평온해 보이지만, 자신의 삶은 순간순간이 라이브이고, 즐겁고 괴로운 일이 연속되기 때문입니다.

"이 세상은 대소 유무의 이치로 건설되고, 시비 이해의 일로 운전된다."

우리 인생에는 날마다 시시비비가 분분하고, 크고 작은 고락이 공존합니다. 공부인은 경계를 바로 바라보며 시비에 휘말리지 않습니다. 개는 던진 먹이를 쫓지만, 사자는 먹이를 던진 사람을 바라봅니다. 살아있음은 곧 경계가 있고, 경계가 있음은 곧 공부와 진급의 기회입니다.

고난은 나를 무너뜨리는 것이 아니라 깨우는 종소리입니다. 우리는 종종 고난을 징벌로 오해합니다.
고난은 나를 깨우기 위한 기회입니다. 가난하면 가난한 사람의 심정을, 아프면 아픈 사람의 고통을 이해할 수 있습니다.

어려운 환경으로 진학을 포기하고 공사장에서 힘겹게 일하며 매일 원망 속에 살아가던 한 청년 교도가 있었습니다. 그에게 교무님은 "고난은 너를 부르는 진리의 목소리이니

도망치지 말고 바라보아라."라고 하셨습니다. 그 후 매일 감사를 찾았고, 만나는 인연들을 감정보다 은혜로 바라보기 시작했습니다.

가족을 원망하고 세상을 미워했던 마음이 사라지고, 모든 것은 내가 지어서 받는 것임을 깨달았습니다. 어려움은 끝이 아니라 시작이 되었고, 고통은 부끄러움이 아니라 마음의 도량을 키우는 씨앗이었습니다.

"마음이 죄복과 고락을 초월하면 그 자리가 곧 극락이요, 사로잡히면 그 자리가 곧 지옥이다."

스스로 업을 해결하지 못하면 영원히 업에 끌려다닙니다. 우리 삶, 지금 이 순간, 이 관계, 이 일은 단순한 우연이 아닙니다. 과거의 업이 만든 결과이자, 지금 짓는 인과의 현장입니다. 우리는 인과의 대서사 속 주인공입니다. 평범한 삶이 드라마틱한 이유는 바로 이 내면적 의미에 있습니다.

드라마틱하지 않은 인생은 없습니다.

우리는 단지 그 드라마틱함을 인식하지 못할 뿐입니다. 각자의 삶은 우주의 진리 속에서 매우 특별하고 중요한 이야기입니다. 고난을 거부하지 않고, 진리를 받아들일 때, 우리는 더 이상 피해자가 아니라 주인공이 됩니다.

지금 이 순간, 당신의 인생도 진리의 길 위에 있으며, 혼자의 길이 아닙니다.

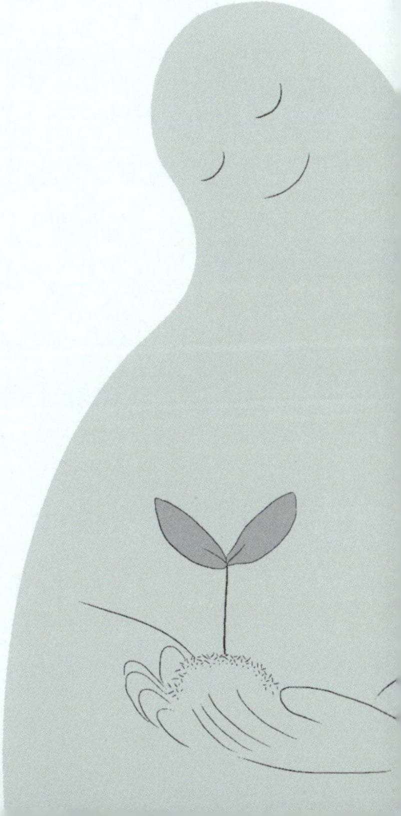

22 어쩔 뻔했어

삶에서 우리는 늘 선택의 기로에 서 있습니다.
'나중에 하자'라며 미루는 사람도 있고, '모르니 지금 해보자'라며 행동하는 사람도 있습니다.
결과는 반드시 드러나게 되어 있습니다.
후회하는 사람은 '이럴걸 저럴걸' 하며 시간을 되돌리고 싶어 합니다. 안도하는 사람은 '어쩔 뻔했어' 하며 그 순간을 감사할 수 있습니다.

"심안이 어두운 소경은 자신이 소경인 줄도 모르므로, 스스로 깊은 구렁에 빠지되 빠지는 줄도 알지 못한다."

시집온 며느리가 시어머니와 갈등으로 처음에는 화가 났

습니다. 그러다 마음공부를 하며, 성질과 감정을 다스릴 수 있게 되었습니다. 몰랐으면 편했을지 몰라도, 진리를 알았기에 잠깐의 불편을 참을 수 있었습니다. 만약 진리를 몰랐다면 어쩔 뻔했을까, 마음공부를 안 했으면 어쩔 뻔했을까 안도의 숨을 쉬어 봅니다.

봄에 씨 뿌리지 않으면 가을에 수확할 것이 없는 것처럼, 현재의 선택과 실천이 내일을 만듭니다. 알고만 있고 행하지 않으면 아무 일도 일어나지 않습니다.
알고 행하는 사람에게는 지혜가 자라고, 참회하며 실천하는 사람은 공부가 깊어집니다. 알게 되어 고맙고, 할 수 있어 고맙습니다.

우리는 모두 이 길을 만난 은혜를 가지고 있습니다. 모든 경험은 인과의 현장이며, 우리가 그 주인공입니다. 몰랐으면 어쩔 뻔했는지, 안 했으면 어쩔 뻔했는지. 지금 알고, 지금 행하고, 지금 감사할 수 있음에 참으로 다행입니다. 이 깨달음과 실천이, 우리 삶의 진정한 가치를 만들어 갑니다.

“

허공은 비었으므로

일체 만물을 소유하듯 대인이 되려면

그 마음이 허공 같이 되어야 한다.

”

23 가죽 주머니를 놓아라

우리는 살아가면서 늘 무엇인가를 꼭 쥐고 있습니다.
마지막까지 놓을 수 없는 것, 손에서 놓지 못하는 것, 그것이 바로 우리의 가죽 주머니입니다.

한 사람이 모든 것을 내려놓고 수도사가 되기 위해 수도원을 찾았습니다. 지위와 명예, 재물까지 내려놓았지만, 주머니 속 금화 하나만은 놓지 못했습니다. 주머니 속 금화는 단순한 물건이 아니었습니다.
그것은 자존심, 집착, 고정관념… 오래 쥐고 살아온 감정을 상징합니다.
'이건 나한테 꼭 필요한 거야.'
'나는 이런 성격이니까 어쩔 수 없어.'

'그 사람은 나에게 상처를 줬어. 절대 용서 못 해.'
그 모든 생각과 감정들은 쓸모가 거의 없지만, 우리는 계속 붙잡고 살아갑니다.

"가리어서 끌리고, 끌려서 그르고, 글러서 죄가 된다."

우리는 오래된 가죽 주머니 속에 별로 소중하지 않은 것들을 계속 넣고, 조몰락거리며 살아갑니다. 분명한 진리는 하나를 놓아야 길이 보인다는 것입니다. 쥐고 있는 한 손은 비워지지 않습니다. 손이 비어야 새로운 것이 들어올 수 있습니다.

가죽 주머니를 놓는 순간 막혀 있던 마음이 열리고, 어두운 감정이 걷히며, 삶은 가볍고 자유로워집니다.

삶이 무겁게 느껴질 때 우리는 무엇을 더 붙잡아야 할지 고민하지만, 사실은 무엇을 내려놓을 것인가를 먼저 살펴야 합니다.

과거의 상처, 누군가에 대한 원망, '나는 이런 사람'이라는 틀, 지나친 책임감, 비교 의식, 버릴 수 없다는 착각… 이런 마음들은 지금 나를 짓누르고 있습니다. 주머니가 무겁게 느껴진다면, 이제 놓을 때입니다. 누가 들고 있으라 한 것도 아닙니다.

내 것이 아닌 것은 모두 내려놓아야 합니다. 나를 괴롭히던 생각 하나, 자꾸 떠오르는 후회 하나, 집착하는 감정 하나, 말하지 못했던 불만 하나, 작은 것 하나를 내려놓으면, 마음은 그만큼 가벼워집니다.

가벼워진 마음은 더 큰 사랑, 더 깊은 자각, 더 넓은 자유를 품을 수 있습니다. 내려놓는다는 것은 잃는 것이 아니라 되찾는 것입니다. 나답게 사는 삶은 지금 이 순간, 내 안의 맑고 고요한 본성을 찾는 일입니다.

마음공부의 길에서 걸림을 없애려면 가죽 주머니 하나쯤은 내려놓아야 합니다.

24 부처의 자리

세상은 편리해졌지만, 편리함에 의지하면 스스로 서는 힘, 곧 자력을 잃게 됩니다. 자력을 잃으면 존재의 의미도 잃습니다. 편리함은 도구일 뿐, 삶과 신앙, 깨달음을 대신해 주지 않습니다.
자력은 나 혼자 잘살기 위한 힘이 아니라, 자력 없는 사람을 도울 수 있는 능력입니다.

힘이 없으면 아무리 마음이 있어도 도움을 줄 수 없습니다. 스스로 보고, 느끼고, 결단하고, 실행하는 힘이 자력입니다. 모든 것을 기계나 다른 사람에게 의존하면 감각과 판단력이 약해집니다. '없어도 되는 사람'이 됩니다.

기도, 반성, 사랑, 자비, 깨달음은 남이 대신할 수 없습니다.

자력은 단순한 노동이 아니라, 정신의 힘이자 책임과 살아 있음의 증거입니다. 실수를 거치며 노력하고, 내 양심과 실지에 따라 행동할 때 진정한 자력을 갖출 수 있습니다.
AI와 기계 문명이 발달해도, 삶의 길을 걷고 창의와 자비를 실천하는 일은 오직 인간만이 할 수 있습니다.

나의 자리, 즉 '부처의 자리'를 지키려면 내가 할 일은 내가 해야 합니다.

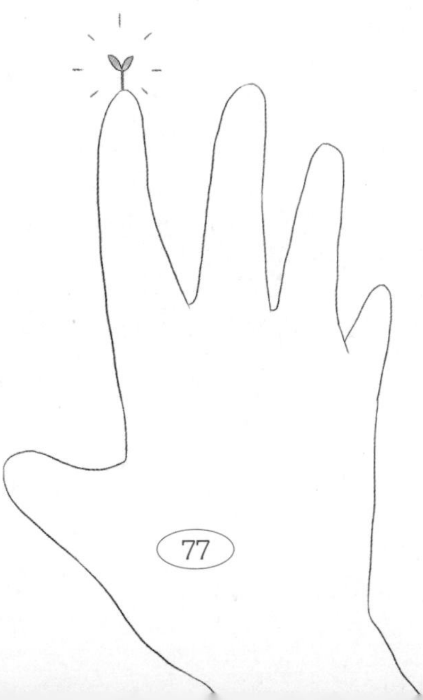

25 마음을 바꾸는 세 걸음

살아가면서 잘못된 고집이나 오해로 마음이 치우칠 때가 있습니다. 그럴 때 마음을 바르게 돌리는 세 걸음이 있습니다.

첫걸음은 '멈춤'입니다.
상황을 이해할 수 없더라도 잠시 멈추어 살펴보는 것만으로도 반은 해결됩니다. 서두르거나 판단하기 전에 잠시 멈추면 상황을 더 넓게 볼 수 있고, 상대를 이해할 여유가 생깁니다.

두 번째 걸음은 '돌림'입니다.
좁은 시각과 집착을 버리고 넓게 보는 것입니다. 문제의 원인을 상대가 아닌 나 자신에게서 찾고, 상황에 맞게 길을 돌릴 줄 알아야 합니다. 마음이 넓어지면 미움과 원망 대신 지혜가 자랍니다.

세 번째 걸음은 '밝힘'입니다.
사물과 사람을 한쪽으로 치우치지 않고 전체를 바라보는 것입니다. 밝음과 어둠, 선과 악, 원망과 감사는 서로 연결되어 있으며, 한쪽만 보려 하면 진실을 놓치게 됩니다.
근본적인 문제를 보고 치우치지 않은 마음으로 대응할 때 진정한 깨달음과 자비가 발현됩니다.

한 걸음씩 마음을 살피며 나아간다면, 걸음걸음이 성현의 길에 닿게 됩니다.

26 내 하늘에 담으면 내 것이다

우리 마음은 하늘과 같습니다. 무엇을 담고, 어떻게 담느냐에 따라 그것이 나의 것이 됩니다.

첫 번째 내 하늘은 '정성'입니다.
정성은 마음의 높이입니다. 간절함과 지극함이 담긴 마음은 어떤 일도 이루게 합니다. 똑같은 대상이라도 마음을 얼마나 담는가에 따라 얻는 결과가 달라집니다.

15세의 송도성이 대종사의 찻그릇을 우물터에서 씻다가 꼭지를 깨뜨렸습니다. 한나절을 쪼그리고 앉아 힘을 다해 맞추려는 마음, 바로 그 정성이 도성을 성장시켰습니다.
정성은 응용과 노력으로 실력을 쌓게 하고, 깨달음으로 향

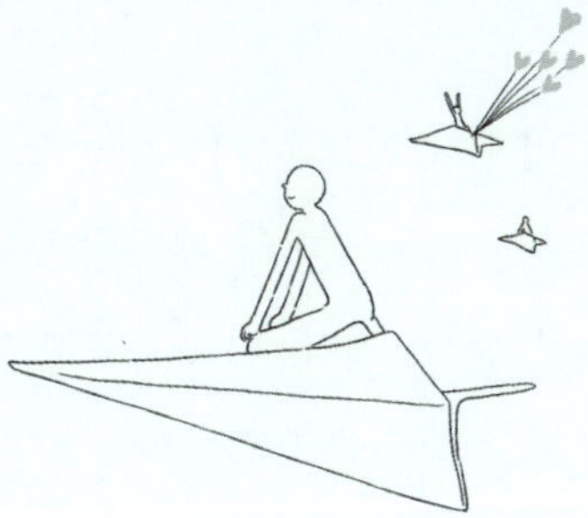

한 길을 열어줍니다.

두 번째 내 하늘은 '관심'입니다.

관심을 가져야 비로소 마음에 담을 수 있습니다. 마음에 담는 순간 그것은 내 것이 됩니다. 진심 어린 관심은 상대를 살리고, 나 자신도 성장하게 합니다.

꽃구경을 갈 때는 눈에 들어오던 꽃이 돌아올 때 보이지 않는 이유는 관심에서 사라졌기 때문입니다. 결혼한 남편이 아내에게 신경을 덜 쓰는 것도 같은 맥락입니다.

"오늘 괜찮으세요?"

"도와드릴까요?"

작은 말 한마디가 마음을 하늘처럼 넓게 만드는 실천입니다.

세 번째 내 하늘은 '비움'입니다.
마음의 그릇이 비어 있어야만 무엇이든 담을 수 있습니다. 탐욕, 분노, 집착, 비교… 경쟁으로 가득 찬 마음은 하늘처럼 넓고 맑을 수 없습니다.
오늘 하루, "내가 꼭 붙잡고 있는 것은 무엇인가?"를 묻고 하나 내려놓아 봅니다. 매일 저녁, "내 마음이 오늘 얼마나 하늘 같았는가"를 돌아봅니다.

"허공은 비었으므로 일체 만물을 소유하듯 대인이 되려면 그 마음이 허공 같이 되어야 한다."

마음이 하늘 같을 때 우리는 자유롭습니다. 마음에 관심을 가질 때 우리는 세상과 연결됩니다. 마음이 비어 있을 때 우리는 모든 것을 담고 이해할 수 있습니다.

27 괜찮다 힘내라

깨달음은 은혜를 볼 수 있어야 합니다.

누구나 실수를 하지만, 실수로만 보는 사람이 있고, 실수를 통해 성장하도록 하는 사람이 있습니다.

"사람이 말 한 번 하고 글 한 줄 써 가지고도 남에게 희망과 안정을 주기도 하고, 낙망과 불안을 주기도 한다."

사람이 근본적으로 악해서만 죄를 짓는 것이 아니라, 죄 되고 복 되는 이치를 알지 못하여 자신도 모르는 가운데 죄를 짓는 수가 허다합니다.

어느 작은 시골 마을 성당에서 신부가 미사를 드리는 중, 소년 복사들이 실수로 성찬례 포도주잔을 엎질렀습니다. 잔은 깨지고 포도주는 바닥에 쏟아졌습니다.
한 신부는 화를 내며 소년을 나무랐고, 그 소녀는 후일 독재자로 성장했습니다. 또 다른 신부는 "괜찮다, 나도 어렸을 때 실수를 많이 했단다. 힘내거라."라고 다독였습니다. 그 소년은 나중에 천주교 대주교가 되었습니다.

은혜는 생명입니다.

나무가 뿌리를 땅속 깊이 내려 보이지 않는 곳에서 가지와 잎을 살리듯, 생명은 밖으로 드러나지 않고 안으로 깊이 숨겨져 있습니다. 숨은 생명을 볼 수 있는 사람이 은혜를 볼 수 있는 사람입니다. 변하지 않을 사람으로 단정 지으면 미움과 원망을 놓지 못합니다.
보이는 것이 전부가 아니라, 보이지 않는 것도 볼 수 있어야 따뜻한 위로를 전할 수 있습니다.

남 탓으로 돌리면 세상은 원망과 미움으로 가득 찹니다. 내

탓이라 하면 소심해지고, 네 탓이라 하면 원망이 생깁니다. '어쩌다 그렇게 된 것일 뿐이다.'라고 생각하면 이해하지 못할 것도 없습니다.

이해하는 마음, 그것이 은혜의 마음입니다.
누굴 탓하는 것이 목적이 아니라, 잘하는 것이 목적입니다.
잘하기 위해서는 서로의 은혜를 발견할 수 있어야 합니다.
이해하는 마음이 생기면 새로운 것을 보고 은혜를 볼 수 있습니다. 그렇게 만나게 되는 모든 사람과 순간이 봄처럼 다가올 것입니다.

28 그럴 수 있어

봄은 깨달음의 계절입니다.
새로운 것을 볼 수 있어야 하고, 은혜를 볼 수 있어야 깨달음이라고 할 수 있습니다.

어떤 교무님이 산책하다가 매화꽃이 예쁘게 피어 사진을 찍으려 했습니다. 지인들에게 보내고 싶었지만, 배경이 마음에 들지 않았습니다. 겨울을 지나지 못한 나무들이 회색으로 뒤엉켜 있어 이를 피해 찍으려고 해도 잘되지 않았습니다. 결국 사진 찍는 것을 포기했습니다. 산책을 이어가다가 교무님은 깨달았습니다.
'내가 예쁜 꽃을 보내고 싶었던 것인데, 괜히 배경에 신경을 썼구나. 그런 환경에서 먼저 꽃 핀 매화이기에 더 아름다운

것인데….'

어디에 피었든 꽃의 아름다움은 변함이 없는데, '어디에 피어야 더 어울리겠다.'라고 우리는 생각을 하게 됩니다. 이것이 새롭게 보는 눈을 방해합니다.

깨달음은 새로운 것을 볼 수 있어야 합니다. 새로움은 없는 것을 만들어 보는 것이 아니라, 있는 그대로를 볼 수 있어야 합니다. 어제의 그 사람과 그때의 그 일은 이미 지나갔습니다. 지금 보는 사람을 처음처럼 볼 수 있는 마음, 그것이 새로움입니다.

"안녕하십니까?"라는 인사는 그 사람을 보고 하는 인사이기도 하고, 내 마음이 새롭게 볼 준비가 되었는지 확인하는 것이기도 합니다.

지금 무엇을 보고 있습니까?

누구에게나 봄은 오지만, 느끼는 봄은 모두 다릅니다. 꽃을 보고 반가운 사람도 있고, 무심한 사람도 있습니다. 매일 보던 것도 새롭게 보이는 순간, 생명이 살아납니다.
"그럴 수 있어?"
새로움을 보지 못하면 늘 같은 생각, 같은 기준으로 평가하고 따지기만 합니다.
"그럴 수 있어!"
새로움을 보는 사람은 어떤 가능성도 이해하고 기다릴 수 있습니다.

새롭게 볼 수 있는 마음, 그것이 깨달음입니다.

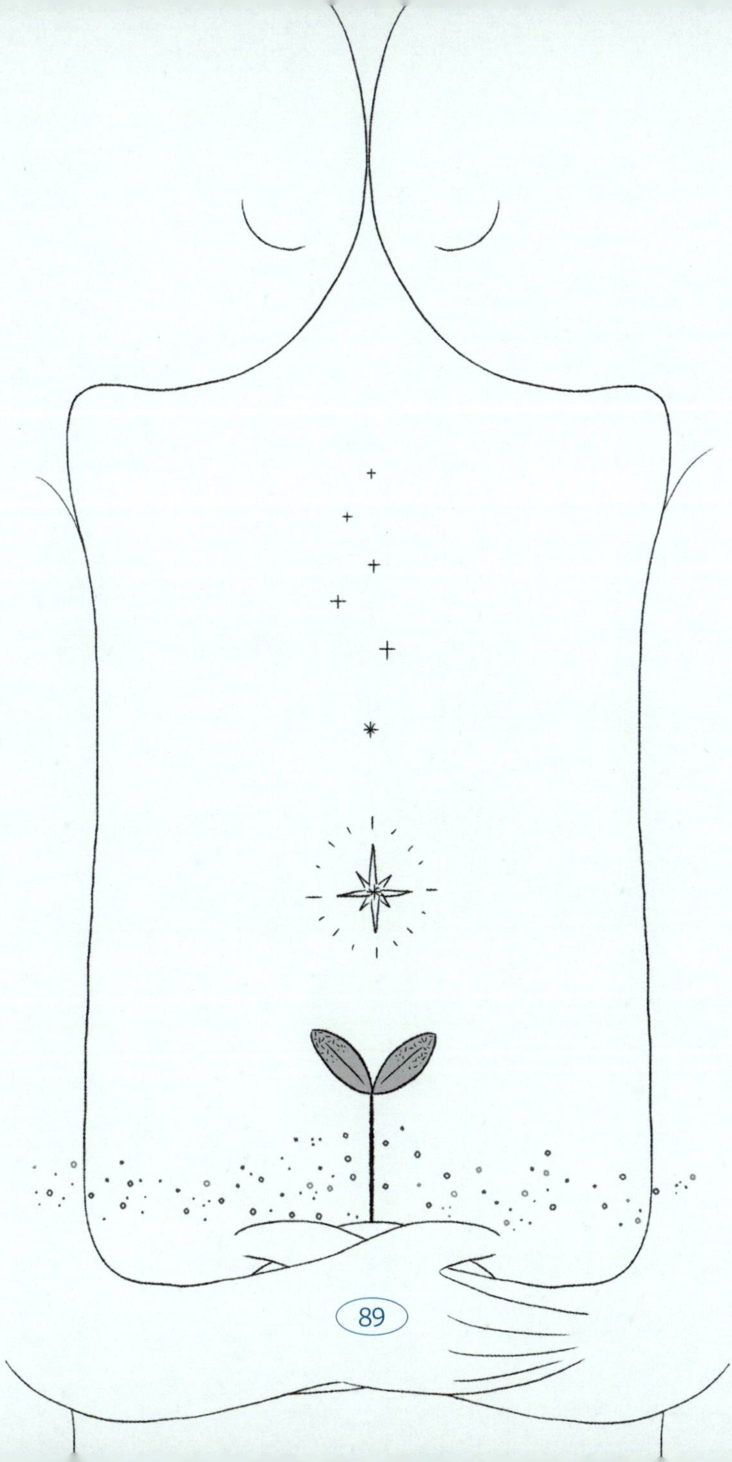

“

사람이 말 한 번 하고
글 한 줄 써 가지고도
남에게 희망과 안정을 주기도 하고,
낙망과 불안을 주기도 한다.

”

29 인생은 퍼즐

삶은 때때로 방향을 잃고, 기쁨과 슬픔이 교차하며 이해하기 어려운 순간들이 찾아옵니다.
인생을 퍼즐이라고 생각하면 조금 다르게 볼 수 있습니다. 지금의 아픔과 시련도 결국 인생이라는 큰 그림을 완성하는 한 조각일 뿐입니다.

"몸조심해라.", "밥은 꼭 챙겨 먹어라." 하시던 어머니의 말을 잔소리라 생각했던 청년은, 어느 날 갑작스레 세상을 떠난 어머니의 일기장을 보았습니다. 거기에는 아들을 향한 사랑과 걱정, 그리고 언제나 곁에서 응원한다는 글들이 적혀 있었습니다.
그제야 청년은 자신이 어머니의 사랑을 귀찮게만 생각하고 너무 당연하게 여겼음을 후회하게 되었습니다. 비로소 어머니의 존재가 자신의 인생에서 가장 소중한 퍼즐 조각이었다는 사실을 알게 되었습니다.

지금 당장은 이해하지 못하더라도, 시간이 지나면 그 의미가 분명해집니다. 우리는 흔히 자신이 아는 것만 믿고, 다른 사람의 말이나 충고를 좁은 시야로 평가하곤 합니다. 우물 안 개구리가 우물 밖 세상을 모르는 것처럼, 마음이 갇히면 더 넓은 세상을 볼 수 없습니다.

진정한 깨달음은 내 우주를 넘어 더 큰 세상을 받아들이고, 은혜를 느끼는 데서 옵니다. 은혜를 아는 사람은 주변의 작은 순간에서도 보호와 사랑을 느낍니다.

눈에 보이지 않는 진리와 숨은 생명을 발견할 줄 아는 사람은 마음이 넓고 따뜻해집니다. 지금 겪는 어려움도 결국 인생이라는 퍼즐의 한 조각으로, 지나고 나면 의미 있게 맞춰질 것입니다.

인생의 퍼즐은 아직 완성되지 않았습니다.
한 조각씩 맞추며 살아갈 때, 우리는 점점 더 큰 그림 속에서 자신의 의미를 발견하게 될 것입니다.

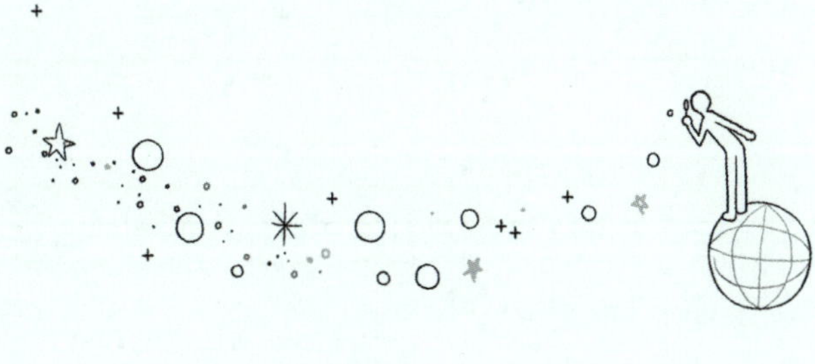

30 내가 나인 건 변함이 없다

삶에는 많은 변화가 있습니다.
기쁨과 어려움이 교차하고, 상황이 바뀌어도 변하지 않는 것이 있습니다. 내가 나라는 사실과 내 본질은 환경과 상관없이 변하지 않습니다. 잘할 때도 있고, 못할 때도 있지만, 나는 나로 존재합니다. 누군가 충고하거나 비난하더라도 내 가치가 흔들리지는 않습니다.
그 사람이 아는 만큼만 나를 판단할 뿐, 내 본질을 바꿀 수는 없습니다.

진정한 나를 안다는 것은 자신을 이해하고, 양심에 부끄럽지 않게 살아가는 것입니다.

'나다움'은 나답게 사는 삶에서 나옵니다.
남이 정해준 기준이 아니라, 내가 선택하고 책임지는 삶입니다. 좋아하는 일, 의미 있는 일을 하면서 내 존재를 빛내는 것이 진정한 나다움입니다.
나다움은 책임을 지는 태도에서 드러납니다. 실수를 인정하고 바로잡는 용기, 행동에 대한 책임감은 신뢰와 성장을 가져옵니다. 변화 속에서도 나를 지키는 삶은 나다운 삶입니다.

나를 알고, 내가 원하는 길을 찾으며, 외부 평가에 흔들리지 않고 선택에 책임을 다할 때 내 삶은 더 아름답게 빛납니다. 나다움은 고집이 아니라 성장과 변화를 수용하며 본질을 유지하는 데서 완성됩니다.

오늘 하루, 나다움을 실천하며 내 삶의 진정한 아름다움을 찾아보세요. 내가 나인 것만으로도 충분히 가치 있습니다.

31 그땐 몰랐다

살다 보면 소중한 것을 알아보지 못하고 뒤늦게 후회할 때가 있습니다. 당연하게 여기는 착각 때문에 깨닫지 못합니다.

소중한 것일수록 가까이 두는 법인데, 그 소중한 것이 늘 함께하기에 당연한 것으로 알다가 멀어지면 그때야 비로소 소중했다는 것을 깨닫게 됩니다.

"추운 밭에서 일하고 찬밥 밥 한 덩이로 끼니를 때우고, 외할머니 보고 싶다는 말이 넋두리인 줄만 알다가 한밤중에 방구석에서 한없이 소리 죽여 울던 어머니를 본 후론 어머니도 그러면 안 되는 분인 줄 알았다."라는 심덕순 시인의 말처럼 우리는 어머니의 사랑을 당연하게 알았습니다.

비교할 대상이 없으므로 깨닫지 못합니다. 고만고만한 것은 서로 이기려고 싸우지만, 너무 큰 것은 싸우려는 마음조차 내지 않습니다.

어려운 살림에 굴비 몸통은 맨날 자식들 주고 머리만 먹던 어머니의 회갑이 되었습니다.
어머니께서 "굴비는 머리가 제일 맛있다."라고 하신 말씀을 그대로 믿고 자란 자식들은 굴비 머리만 한 상자 선물했습니다. 굴비 머리만 먹어야 했던 어머니의 사랑을 자식들은 알지 못합니다.
비교할 수 없는 어머니의 사랑을 자식들은 잊고 살아갑니다. 내 감정에 가려서 보지 못했기 때문에 깨닫지 못합니다.

순간의 감정이나 문제에 가려 깊은 뜻과 충고를 알아채지 못할 때가 있습니다. 감정을 내려놓고 보면 그 속에 담긴 은혜와 지혜를 깨달을 수 있습니다. 성장의 과정임을 알지 못했기 때문에 깨닫지 못합니다.

경험 속에서 배우고 성장하는 동안에는 힘들고 지루했지만, 시간이 지나면 그 모든 과정이 나를 단단하게 만드는 자산이 됩니다. 중요한 것은 후회보다 지금 깨닫고 실천하는 삶입니다. 그땐 몰랐다 해도 괜찮습니다. 이제라도 알았다면, 행동으로 옮기면 됩니다.

'지금 여기에서 알았을 때 후회 없는 선택을 하는 것.' 그것이 진정한 지혜입니다.

32 가끔 속아 넘어가자

인생은 다양한 관계 속에서 함께 성장하고 깨달음을 얻는 여정입니다. 좋은 관계를 유지하고 개선하기 위해서는 때로 속아주는 지혜가 필요합니다.
속는 것을 단순히 어리석음으로만 여기면, 모든 사람을 의심하게 되고 감사와 평온을 잃게 됩니다. 속아주면 체면을 지킬 수 있습니다.
모든 사실을 알고도 모르는 척하면 상대의 자존심을 지켜주고, 불필요한 갈등을 줄일 수 있습니다.

50년간 아내의 요리를 맛있다며 먹어온 남편이 마지막 순간에 '좀 짰어!' 하고 미소를 지었다는 이야기처럼, 행복을 위해 속아주는 것은 사랑과 배려가 될 수 있습니다.

속아주면 두려움을 벗어날 수 있습니다.

완벽하지 않은 사람에게 여유를 주면, 실수를 통해 배우고 성장할 수 있습니다.

색이 어울리지 않고 선도 삐뚤빼뚤한 아이의 그림을 보며 잘못을 지적하기보다 "와! 정말 멋진 그림이구나! 여기엔 무슨 이야기가 담겨 있어?"라고 반응하는 엄마의 격려 덕분에 아이는 두려움보다 창의성을 키울 수 있습니다.

속아주면 넉넉함을 배울 수 있습니다. '그래, 그럴 수도 있지' 하고 넘어가면 신뢰와 존경을 배울 수 있습

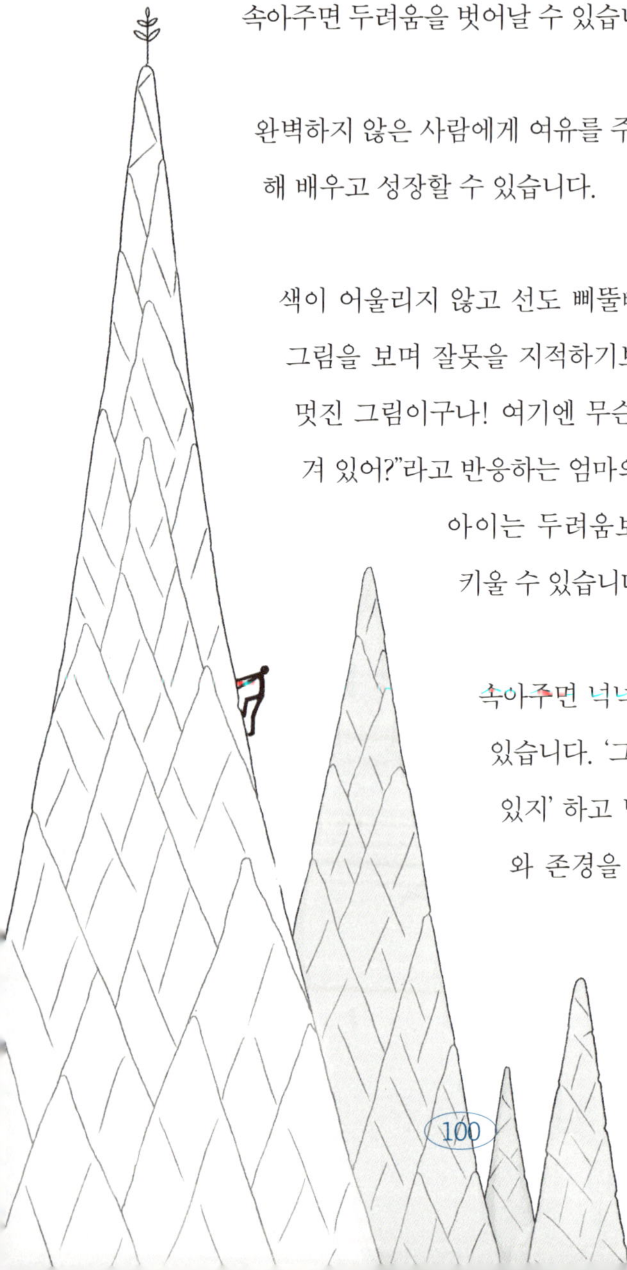

니다. 분명하게 지적해야만 고쳐지는 것이 아니라 너그럽게 안아 줄 때 상처가 치유되고 평온을 찾을 수 있습니다. 너그러움은 상처를 치유하고 평화를 가져옵니다. 상대가 스스로 돌아보게 만들 수도 있습니다.

속아주면 유연한 관계를 유지할 수 있습니다. 과장된 이야기나 작은 허물을 바로잡기보다 웃으며 넘어가는 것이 서로에게 편안함을 줍니다.

속아주는 것은 단순히 상대를 위한 것이 아니라, 나 자신을 돌아보고 관계를 넉넉하게 바라보는 마음에서 비롯됩니다.

때로는 허물을 덮어주고, 상대의 성장을 믿고, 너그러움과 존경을 배우는 것. 그것이 진정한 관계의 지혜입니다.

"

세상의 모든 사물이

작은 데로부터 커진 것 외에는

다른 도리가 없다.

"

33 경계 탐험꾼과 수행 쇼핑객

청소년에게 "어떤 사람이 되고 싶냐?"라고 물으면 흔히 '부자'라고 답합니다.

"행복하게 살기 위해 가장 중요한 것이 무엇이냐?"라고 물으면 '행복'이라고 합니다. 돈은 필요하지만, 돈 때문에 행복을 포기하지 않아야 합니다.

현대 사회에서는 눈앞의 현실과 편리함에 치우치기 쉽지만, 수행자는 근본적인 방향을 잃지 않아야 합니다.

근본을 잃은 수행은 한쪽 마음을 흐리게 하고, 다른 한쪽은 겉만 번지르르해집니다. 경계 탐험꾼이 되기 쉽습니다. 수행의 본질보다 경험과 이야기를 자랑하는 데 집착합니다.

수행 중 느낀 감각이나 생각을 남에게 이야기하며 스스로 높이려 하고, 경계가 없으면 억지로 만들어 공부 거리로 삼습니다.
명상 중 빛을 보거나 소리를 듣는 경험을 특별하게 여기고 다른 사람에게 이야기한다면, 그것은 수행이 아니라 허상에 집착하는 것입니다.

수행의 본질은 본래의 마음을 회복하고 청정하게 유지하는 것입니다.

흔히 우리는 수행 쇼핑객이 되기 쉽습니다.
다양한 수행법을 경험하지만 깊이 있게 실천하지 않습니다. 겉으로는 열심히 배우지만 내면의 변화는 없습니다. 여러 스승과 방법을 경험하면서도 한 가지를 깊이 파지 못하고, 결국 포기하거나 흉내만 내게 됩니다.

수행에서는 지식이 아니라 실천을 통한 내면의 변화가 중요합니다. 형식이나 겉모습이 아닌, 꾸준한 실천과 내적 성찰이 진정한 수행의 핵심입니다.

우리는 경계 탐험꾼처럼 불필요한 생각에 빠져 길을 잃거나, 수행 쇼핑객처럼 겉만 흉내 내는 사람이 되어서는 안 됩니다.

진정한 수행자는 과한 해석 없이 있는 그대로를 보고, 깊이 있는 실천을 통해 내면을 닦는 사람입니다.

진정한 수행자는 자신의 삶을 큰 화두로 알고, 진실되고 정성스럽게 하루하루를 살아가는 사람입니다.

34 나를 흔드는 것에 대하여

인생에서 우리는 크고 작은 것에 흔들립니다.
사람마다 자신을 흔드는 요인은 다르지만 사랑과 이별 등 감정적인 것, 과거 잘못에 대한 후회, 환경적 요인, 새로운 도전과 기회, 삶의 변화, 삶의 의미를 찾으려는 욕망 등에 강하게 흔들립니다.

방향을 잃고 중심을 잡지 못하면 흔들릴 수밖에 없습니다.

빨리 가고 싶은 마음, 즉 조급함의 '가속도병' 때문에 흔들립니다.
세상에 크게 드러난 모든 것은 작은 것에서부터 차근차근 쌓여왔습니다.

"세상의 모든 사물이 작은 데로부터 커진 것 외에는 다른 도리가 없다."

이소성대는 천리의 원칙입니다.
우리가 이루는 것도 차근차근한 과정이 중요합니다. 속도에 맞추려 하기보다 방향에 맞춰 가는 삶이 필요합니다. 작은 속도라도 올바른 방향을 잡으면 흔들리지 않습니다.

방향의 기준은 마음의 근원인 일원상 진리를 향해야 합니다. 자기에 초점을 맞추는 것과 양심의 방향으로 속이지 않고, 천지의 밝은 위력과 공정을 따르는 삶이 되어야 합니다. 많이 갖고 싶은 마음, 즉 욕심의 '동요병' 때문에 흔들립니다. 많이 가지려는 욕심은 마음을 흔들고 멀미를 일으킵니다.

중심을 잡는 두 가지 방법은 수양 중심으로 욕심과 번민을 제거하고 온전한 마음을 얻는 것과 서원 중심으로 큰 발심과 목적을 잊지 않는 것으로, 작은 욕심에 흔들리지 않는 것이 좋습니다.

작은 이익에 매몰되면 큰 목표를 잃게 됩니다.
나를 흔드는 모든 마음과 환경을 살피고 진리와 양심의 방향, 수양과 서원의 중심을 점검해야 합니다.
작은 것에 휘둘리지 않고, 큰 목표와 올바른 방향을 지키면 흔들림 없이 복과 지혜를 닦아 나갈 수 있습니다.

초침의 소리는 들리지만, 시침의 소리는 들을 수 없다고 합니다. 작은 일에 조급해하지 말고, 큰 바늘의 흐름 속에서 중심을 지키는 삶이 진정한 공부입니다.

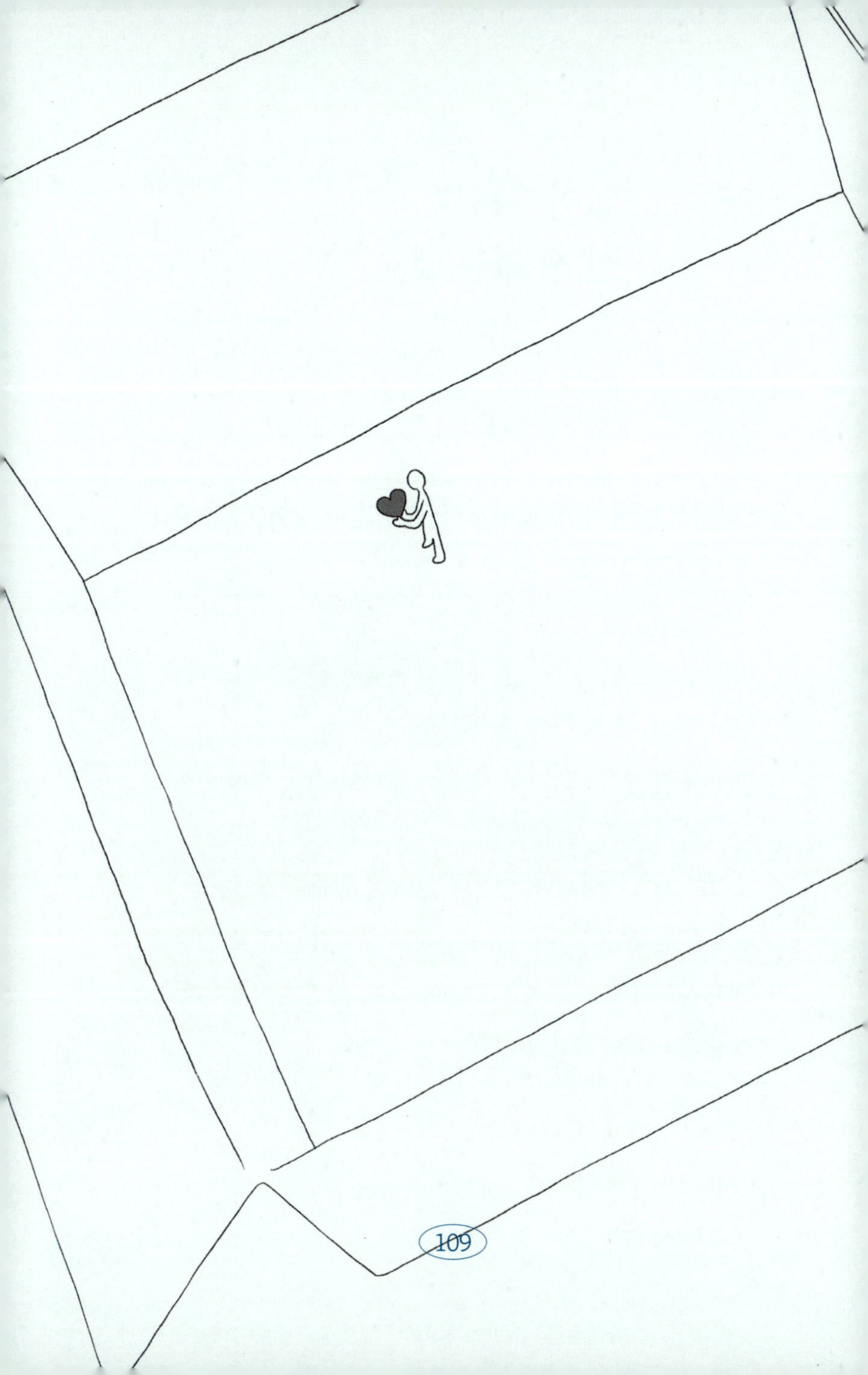

35 없어서는 살 수 없는 것

"없어서는 살지 못할 관계가 있다면, 그같이 큰 은혜가 또 어디 있으리오."

이 세상에는 없어서는 살 수 없는 은혜의 관계가 있습니다.
천지, 부모, 동포, 법률, 사은 등….
모두 우리 삶을 지탱하는 기본적 은혜입니다. 그래서 우리는 보은의 삶을 살아야 합니다. 없어서는 살 수 없는 것을 확실히 알아야 합니다. 믿음이 없으면 살 수 없습니다.
믿음은 혼자만의 것이 아니라 서로에 대한 신뢰와 애정에서 비롯됩니다. 서로에게 도움이 되고, 아끼는 마음이 없으면 삶의 바탕이 흔들립니다.

구제역이나 돼지콜레라로 가축이 생매장되는 모습을 보며, 단순히 사람만을 위한 삶이 아니라 모든 생명과 함께 공존할 길을 고민하게 되었습니다.

'우리가 먹는 소는 평생 풀을 보지 못한다.'라는 글을 읽었습니다. 좁은 사육장에서 자라는 동물들을 생각하니 마음이 먹먹했습니다. 유튜브에서 풀밭을 처음 밟는 소가 신나서 뛰어다니는 모습을 보고, 인간 중심의 삶을 돌아보며 반성하게 되었습니다.

희망이 없으면 살 수 없습니다. 죽은 나무는 물과 햇볕을 받지 못하는 것처럼 희망이 없는 사람은 죽은 나무와 같습니다.

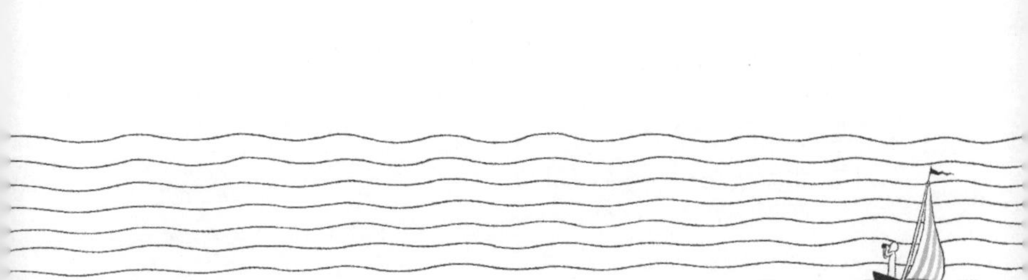

어느 중학생이 엄마와 누나가 자신에 대해 "쓸모없다."라고 말하는 것을 듣고 엄마와 누나가 보는 앞에서 아파트 창문 밖으로 뛰어내렸다는 뉴스를 봤습니다.

"아무 소용 없다는 말은 그 사업과 그 물건에 인연을 끊는 말이니 쓰지 말라."

어떤 사람이 조실부모하고 삼촌 댁에 의지해 살다가, 어느 날 관상가 한 사람이 그 집에 방문하여 관상을 보고는 "평생 빌어먹을 상"이라 하는 것을 듣고는 집을 나갔습니다. 고생을 하다가 10년 만에 돌아오는 길에 돈 보따리를 주워 잃어버린 사람에게 찾아주고 왔습니다.
그때 관상가가 그 집을 방문해서 "큰일을 할 사람"이라고 합니다. 이유를 물으니 "전에는 아무런 희망이 없이 살았기 때문에 얼굴이 그렇게 보였고, 지금은 선행을 베푼 후 얼굴이 달라졌다."라고 했습니다.

선행을 베푼 후 스스로 희망을 발견했기에 관상까지 바꿀 수 있었던 것입니다. 희망은 우리의 마음을 살리고, 삶을 다시 세우는 힘입니다.
경계가 없으면 살 수 없습니다. 경계란 피하고 싶은 어려움일 수도 있지만 우리를 단련시키고 성장하게 하는 동력입니다. 괴로운 경계를 맞서서 이겨낼 때, 우리는 더 강하고 쓸모 있는 사람이 됩니다.

"풀무 화로가 아니면 능히 좋은 쇠를 이뤄내지 못하듯, 괴로운 경계의 단련 없이는 뛰어난 인격을 이루지 못한다."

감사가 없으면 살 수 없습니다. 모든 관계와 사물은 은혜의 연결망 속에 있습니다. 감사를 느끼지 못하면, 세상은 늘 검게 보이고 원망만 쌓이게 됩니다. 감사는 훈련을 통해 몸과 마음으로 체득할 수 있습니다.

감사의 힘은 사고와 감정을 넘어 우리의 의식을 확장하고, 삶을 풍요롭게 합니다.

36 바닥을 쳤다, 그리고 바닥을 다졌다

사람은 누구나 어려움을 겪습니다.

때로는 너무 큰 시련이 닥쳐 바닥을 친 것 같은 기분이 들고, 끝없는 나락으로 떨어지는 것만 같은 괴로움에 사로잡히기도 합니다.

밑바닥까지 경험해야 우리는 그 깊이를 알 수 있습니다. 실패를 맛 본 사람만이 충고할 수 있고, 그런 삶을 살아 본 사람만이 진심 어린 소언을 할 수 있습니다.

끝날 때까지는 끝난 것이 아니라는 말처럼, 바닥을 친 순간도 여전히 진행 중인 인생의 일부일 뿐입니다. 끝까지 희망을 놓아서는 안 됩니다.

민수라는 청년의 이야기가 생각납니다.

그는 미래에 대한 불안, 직장에서의 스트레스, 가족 부양에 대한 책임감으로 밤마다 잠을 이루지 못했습니다. 걱정은 걱정을 낳았고, 더 깊은 수렁 속에 빠져드는 기분이었습니다.

어느 날 공원을 걷던 그는 연못 속 자신의 얼굴을 바라보며 한참을 멍하니 서 있었습니다. 옆에 있던 노인이 작은 돌멩이를 연못에 던지며 말했습니다.

"걱정이란 저 돌멩이와 같지. 처음에는 큰 파동을 일으키지만, 시간이 지나면 결국 사라지네."

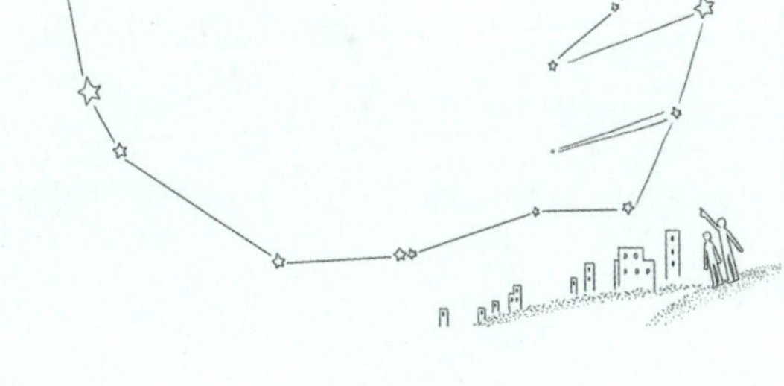

민수는 그 말을 가슴에 새기고, 걱정이 밀려올 때마다 발버둥 치지 않고 흘려보내는 법을 배우기 시작했습니다. 바닥을 친 후, 그는 다시 걷기 시작했고, 마침내 빛을 마주할 수 있었습니다.

하지만, 바닥을 치는 것만으로는 충분하지 않습니다. 바닥을 단단히 다져야 합니다. 집을 지을 때 위에서부터 쌓지 않고, 먼저 바닥을 단단히 다지는 것과 같습니다. 그림도 밑바탕부터 그린 후에 채색을 하듯이 꿈도 기본과 순서를 다져야 비로소 완성됩니다.

유도 선수였던 장호는 부상으로 모든 것을 잃고 좌절했습니다. 코치는 "유도는 넘어지는 법과 일어서는 법을 배우는 운동이다. 잘 넘어져야 다시 일어설 수 있다."라고 조언했습니다. 장호는 그날부터 승리를 목표로 하기보다 자신의 몸과 기본을 다지는 데 집중했습니다.
넘어짐은 끝이 아니라, 다시 일어서기 위한 과정임을 비로소 깨달았습니다.

바닥을 치는 경험은 누구에게나 힘든 순간입니다. 바닥에서 우리는 마음을 다지고, 겸손을 배우며, 일어설 힘을 기릅니다.
바닥을 다지는 일은 결코 헛된 과정이 아닙니다. 그것은 우리의 삶을 지탱하는 기초가 되고, 앞으로 맞이할 모든 시련과 기회를 견디게 하는 힘이 됩니다.

바닥을 친 순간이 온다면, 두려워하지 말고 그 깊이를 바라보세요. 단단히 다져 새로운 길을 걸어가세요.

“

심안이 어두운 소경은
자신이 소경인 줄도 모르므로,
스스로 깊은 구렁에 빠지되
빠지는 줄도 알지 못한다.

”

37 마음이 살아 있기에 사심과 잡념이 생긴다

사람의 마음은 살아 있습니다.
살아 있다는 것은 곧 희로애락을 느낄 수 있다는 뜻입니다.
풀 한 포기조차 나지 않는 땅을 우리는 사막이라고 부릅니다.
마음도 감정이 없으면 삭막하고 생기 없는 사막과 같습니다.
많은 사람들은 감정을 드러내지 않고, 냉정해야 바른 판단을 할 수 있다고 생각합니다.

판단력이 중요한 순간이 있지만, 감정을 나누고 함께하는 마음은 그보다 더 중요합니다.
사랑과 기쁨, 희망 같은 긍정적인 감정을 느끼는 것은 자연스럽지만, 때로는 욕심, 불안, 질투, 후회 같은 부정적인 감정도 찾아옵니다. 그것들 또한 우리의 일부이며, 마음이 살아있다는 증거입니다.

꽃길만 걷기를 바라지만, 사실 꽃길은 비포장도로와 같습니다. 포장도로에는 꽃이 피지 않듯이 진정한 꽃길에는 흔들림이 존재합니다. 흔들림을 감수하고, 나아가 그것을 이겨낼 수 있을 때, 비로소 꽃길은 아름답게 빛납니다.

즐거움만 있는 곳을 극락이라 하고, 괴로움만 있는 곳을 지옥이라고 하지만, 인간의 삶은 그 중간에 있습니다. 극락은 주어진 복을 사용하는 것이 아니라, 괴로움을 이겨내며 만들어 가는 길입니다.

"땅이 살아 있으므로 풀이 나고, 물이 살아 있으므로 물결이 치며, 마음이 살아 있으므로 사심 잡념이 생긴다."

특별히 없애거나 구하려 하지 말고, 마음을 챙기며 일심으로 행하는 것이 활선입니다. 인간은 단순히 본능대로 살지 않습니다.

'어떻게 하면 더 나아질까?'
고민하고, 계획하며, 선택합니다. 불필요한 걱정, 비교, 후회 같은 잡념이 따라옵니다. 걱정이 많다는 것은 그만큼 삶을 열정적으로 살아가고 있다는 증거이기도 합니다. 원하는 것이 있을 때, 그것을 더 가지려는 마음이 생기고, 이루어지지 않으면 불만과 불안이 커집니다.

"욕심을 없애지 말고, 작은 욕심을 큰 서원으로 돌려 키우라."

마음이 온전히 서원에 머물면, 작은 욕심은 자연히 잠잠해지고 삶은 한가롭고 넉넉해집니다. 누구나 실수하고 때때로 후회하며 살아갑니다. 그 사이 흔들림은 자연스러운 것입니다. 나무가 수백 년 동안 찬 서리와 바람을 견디며 마디를 만들듯, 인간도 실수와 어려움을 통해 단단해집니다.

도공이 처음 도자기를 빚을 때 깨지고 갈라지던 실패들이 반복되면서, 그는 결국 강하고 아름다운 도자기를 완성할 수 있습니다. 선인들은 즐거움과 슬픔을 '이웃사촌'이라고 비유했습니다. 마음에 잡념과 욕심이 찾아와 괴롭더라도, 집착하지 않고 그저 지나가게 하면 됩니다. 여기서 마음이 살아있음을 아는 것이 중요합니다.

사심과 잡념을 억지로 없애려 하지 않아도 됩니다. 우리에게 필요한 것은 잡념과 사심이 생기는 마음을 인정하고, 그것을 다스리는 연습입니다.

욕심이 생길 때는 내가 정말 원하는 것이 무엇인지 돌아봅니다. 잡념이 많아질 때는 지금 순간에 집중해 봅니다.

비교나 후회가 올라올 때는 내가 가진 것에 감사를 실천합니다.

마음이 살아 있으므로 사심과 잡념이 생기는 것은 자연스러운 일입니다. 중요한 것은 그것을 어떻게 다루고, 하루를 행복하게 살아갈 것인가입니다. 살아 있는 마음도, 잡념과 사심이 생기는 마음도 모두 소중합니다.

늘 챙기는 마음으로 오늘 하루를 살아가야 합니다.

38 그래도 감사

삶 속에서 어려운 순간을 마주할 때, 우리는 얼마나 진심으로 '감사'라는 말을 느낄 수 있을까요?

사람들은 좋은 일이 있을 때만 감사하다고 생각합니다. 그렇지 않은 순간에도 감사할 수 있다면, 우리의 마음은 훨씬 더 넓어지고 깊어질 것입니다.

삶을 성찰하고 나아가기 위해서는 먼저 감사할 수 있어야 합니다. 원망으로 시작하면 원망으로 끝나기 쉽지만, 감사로 시작하면 모든 것이 감사합니다.

감사는 거창한 일이 있어야만 느낄 수 있는 것이 아닙니다.

한 잔의 물을 두고도 사람마다 다른 마음을 갖습니다.

'아직 반 잔이나 남았네'라고 보는 사람과, '반밖에 안 남았

네'라고 보는 사람의 차이는 감사의 마음이 있는지 없는지에 달려 있습니다. 감사할 일이 있어서 감사를 하는 것이 아니라, 감사를 하다 보면 감사할 일도 생깁니다.
눈에 보이는 것, 얻을 수 있는 것뿐 아니라, 살아 있다는 사실 자체에도 감사할 수 있어야 합니다. 쉽지 않기에 우리는 스스로 감사를 연습하며 수행을 이어갑니다.

소크라테스는 비좁은 방에서 친구들과 함께 생활할 때 즐거움을 느꼈고, 친구들이 떠나 혼자가 되었을 때도 책과 지식을 마음껏 누릴 수 있음에 감사했습니다.
1층에서 살 때는 직접 채소를 심고 꽃을 가꾸는 즐거움에 감사했고, 위층으로 옮겨 살 때는 조용하고 경치 좋은 환경이라고 감사했습니다.

플라톤은 말했습니다. "사람이 갖는 감사의 속성은 환경에 있는 것이 아니고, 그 사람의 마음속에 있기 때문이다."

"자신에게 도가 있으면 역경도 능히 좋게 운전하여 복락을 수용할 수가 있고, 자신에게 도가 없으면 순경도 나쁘게 운전하여 재앙의 밑천을 짓는 수 있느니라."

감사는 외부 환경이 아니라, 자신이 어떤 마음으로 살아가는가에 따라 달라집니다. 삶은 때때로 고통의 바다처럼 느껴집니다. 피하려고 하면 쫓아오고, 맞서려고 하면 도망가는 것이 경계입니다.

피할 수 없는 고통을 성장의 기회로 보고, 감사의 마음으로 한 계단씩 나아가면 어느새 원하는 곳에 도착해 있습니다.

감사는 부정적인 감정을 희석하고, 긍정적인 에너지를 끌어옵니다.

작은 것에도 감사할 줄 알면 삶을 더 큰 시야로 바라볼 수 있고, 행복을 느낄 수 있습니다.

비록 어려운 일이 있을지라도 마음속으로 '그래도 감사'라고 말해 보십시오.

그 마음이 더 큰 행복과 평온함으로 이끌 것입니다.

39 인생 회기

우리는 몇 회차의 인생을 살고 있을까요?
길게 보면 전생과 이생까지 이어지지만, 짧게 보면 어제와 오늘도 하나의 회기입니다. 시간의 길이만 다를 뿐, 우리의 삶은 반복됩니다. 우리는 참다운 인생 회기를 되돌아보지 않고 바쁘게 살아갑니다.

'회기'라는 말에는 두 가지 의미가 있습니다. '돌아본다'라는 뜻과 '다시 쓴다'라는 뜻입니다. '돌아본다'라는 것은 근본적으로 자신을 되돌아보는 것, 마음속 욕심과 집착이 어디서 비롯되었는지 살펴보는 것을 의미합니다.

나이가 들어 열반에 들면 '돌아가셨다'라고 하는데, 어디로 돌아간다는 것일까요?

오고 감이 없는 근본 바탕 자리에 돌아간다는 것입니다. 요란함도, 어리석음도, 그름도 없는 그 자리에서 마음이 경계에 따라 일어났음을 깨닫고, 원래 자리로 돌아가는 것이 회기의 첫걸음입니다.

원래 자리에는 내 것과 네 것 없이 평등합니다.

마음속 욕심과 집착은 삶을 무겁게 만들고, 스스로 힘들게 합니다. 원래 순수했던 마음을 돌아보면, 어린 시절 구슬치기나 딱지치기만 해도 하루가 짧게 느껴지고 행복했습니다. 소유가 생기고 욕심이 생기면 더 가지려 다투게 됩니다. 내면의 평화를 찾기 위해 우리는 원래 순수했던 마음으로 돌아가야 합니다.

한 마을에 뛰어난 목수가 있었는데 실력만 믿고 오만하여 사람들과의 관계가 좋지 않았습니다. 은퇴를 결심한 날, 주인에게 마지막으로 집을 지어 달라는 의뢰를 받았지만, 마음을 다하지 않았습니다.

그 집은 주인이 목수에게 주는 은퇴 선물이었습니다. 자신이 지은 집이 허술함을 깨달은 그는 깊이 후회하며 자신의 삶을 돌아보았습니다.

"하루 품삯은 곧 나오나 일 년 농사는 가을에야 수확되듯이, 큰 공부는 오래 걸리니 조급해하지 말고 꾸준히 공을 쌓아라."

'다시 쓴다'라는 것은 몸과 입과 마음으로 잘못했던 모든 것을 바로잡고 새롭게 쓰는 것입니다. 누구에게나 기회는 공평하지만, 이를 자신의 이익만 위해 탕진할 수도 있고, 실수를 만회하기 위해 사용할 수도 있습니다.
잘하는 것만 찾다 보면 부족했던 부분을 잊고 욕심만 키우게 됩니다. 부족함을 받아들이고 바로잡는다면, 그것은 새로운 가능성과 변화의 씨앗이 됩니다.

시골 마을의 한 노인은 매일 물동이를 지고 산길을 오르며 우물을 채웠습니다. 한쪽 항아리는 금이 가서 물이 조금씩

새어 나갔지만, 그는 버리지 않았습니다. 흘러 나간 물이 길옆 꽃들을 자라게 한다는 것을 알았기 때문입니다.
삶도 온전히 나만을 위해 쓰지 않고, 모두를 위해 다시 쓰는 마음이 필요합니다.
잘하는 것만 쓰지 않고, 실패와 부족함조차 삶의 일부로 인정하며 새로운 시작점으로 받아들이는 자세가 인생 회기의 핵심입니다.

삶은 고쳐 쓸 수 있는 책과 같습니다.
우리는 누구나 실수를 하고, 부족함을 경험합니다. 중요한 것은 그 실수를 되돌아보고 새롭게 쓰는 마음입니다.
욕심을 내려놓고, 감사의 마음으로 하루를 시작할 수 있다면, 우리는 언제든 삶의 중심으로 돌아가 인생을 새롭게 채워갈 수 있습니다.

실수와 부족함은 부끄러움이 아니라 성찰과 성장의 발판임을 기억하며, 오늘도 우리는 새로운 마음으로 살아갈 수 있습니다.

“

마음이 죄복과 고락을 초월하면
그 자리가 곧 극락이요,
사로잡히면
그 자리가 곧 지옥이다.

”

40 바보로 살아가기

새해가 되었지만, 작년과 달라진 것이 있습니까?
해가 바뀌고 날이 달라져도 내가 새로워지지 않으면 진정한 새해를 맞은 것이 아닙니다. 언제든지 새로워질 수 있는 사람만이 매일 새해를 맞이한 듯 살아갈 수 있습니다.

새해를 맞아 바보로 살아가기를 생각해 봅니다. 세상에는 똑똑하고 약삭빠른 사람들이 많습니다. 그들은 인정이 메마르고, 다른 사람을 내려다보며 자기만이 옳다고 생각합니다.

김수환 추기경은 자신을 스스로 '바보'라고 하며 사람들을 편안히 만났습니다. 대산 종사도 좁은 비닐하우스에서 법문을 전하며 사람들과 소통했습니다. 겉모습과 형식이 아닌 진심과 마음이 중요한 것을 보여주었습니다.

"스스로 높은 체하는 사람은 반드시 낮아지고, 항상 남을 이기려는 사람은 반드시 지게 된다."

바보는 억지로 높은 위치를 주장하지 않고, 타인을 배려하며 겸손하게 살아갑니다.

동네에서 바보라고 불리는 소년이 있었습니다. 아이들은 그 소년에게 항상 장난을 칩니다. 손바닥에 50원과 100원을 올려놓고 어떤 것이 더 큰 것인지 구별해 보라고 놀립니다. 바보는 손바닥에서 항상 50원만 집어 올립니다. 한 어른이 바보 소년에게 다가가 말합니다.

"100원이 50원보다 크단다."

바보 소년은 어른의 귀에 조용히 말합니다.

"100원을 고르면 장난이 끝나 다시는 돈을 못 벌잖아요."

누가 진정 똑똑한 사람일까요?

41 어항 속 물고기

넓은 바다를 모른 채 어항에 갇힌 물고기를 봅니다.

넓은 우주를 모른 채 세상에 갇힌 나를 봅니다.

좁은 어항이 온 세상인 듯 신나게 헤엄치며 놀고 있습니다.

작은 재주 하나를 가지고 제멋에 겨워 시비를 하고 있습니다. 자주 보면 그것이 전부가 되어 작은 것도 작은 것인 줄 모르게 됩니다.

부끄러운 일도, 수치도 모르고 분별 망상의 착각에도 당당하게 살아갑니다. 넓은 바다를 꿈꾸지 않으면 영원히 어항을 벗어나지 못합니다.

깊은 성리를 깨닫지 못하면 삼세를 무명 속에서 헤매게 될 것입니다.

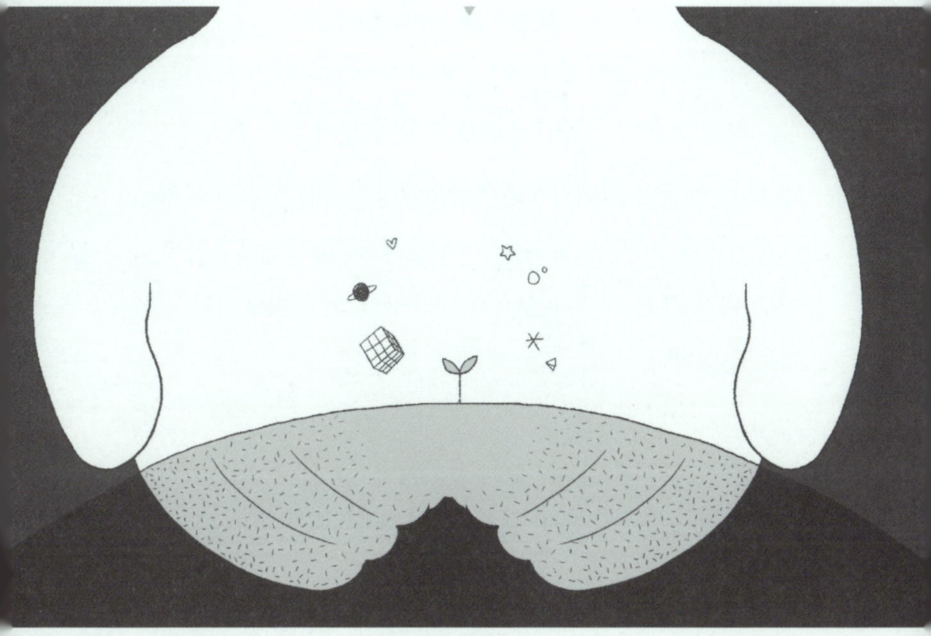

42 그것밖에 모르면 그것밖에 선택할 수 없다

우리는 살아가면서 수많은 선택 앞에 서 있습니다.
우리의 선택은 내가 아는 것의 범위를 넘어서지 못합니다.
'그것밖에 모르면 그것밖에 선택할 수 없습니다.'
이 말은 단순한 진리가 아니라, 수행자에게는 매우 중요한 경책입니다. 내가 지금 어떤 선택을 하고 있다면, 그 선택에는 내가 가진 지혜와 습관과 마음마저 모두 반영되어 있다는 뜻입니다.

누가 나를 힘들게 할 때, 뜻대로 되지 않을 때, 손해를 보거나 억울한 일을 당할 때, 욕심이 치밀고 분노가 올라올 때, 그 순간이 바로 나의 공부심이 드러나는 순간입니다.
우리가 어떤 마음으로 그 경계를 처리하느냐에 따라 실력이 평가되고, 그 경계를 어떻게 돌파하느냐에 따라 복덕이 결정됩니다.

몸에 상처가 나면 독이 빨리 퍼집니다.
욕심과 분노는 마음의 상처가 되어, 그대로 두면 독처럼 온 마음에 퍼져나갑니다. 욕심은 나를 불안하게 만들고, 분노는 나를 불행하게 만들며, 그 둘이 만나면 삶 전체를 흐립니다. 그 순간 우리는 지혜로운 선택을 할 수 없습니다.

욕심의 마음을 가지고 있으면 욕심의 선택만 하고, 분노의 마음을 가지고 있으면 분노의 선택만 하게 됩니다.

공부인의 선택은 순간의 감정이 아니라, 평소의 순수한 마음이 결정한다는 사실을 잊어서는 안 됩니다. 순수한 마음은 '악에 대한 면역력'을 키워줍니다. 욕심이 와도 끌려가지 않고, 분노가 와도 폭발하지 않고, 시험이 오더라도 흔들리지 않습니다. 경계에도 끄떡없는 마음의 건강이 생깁니다.
이 마음의 면역력이 바로 공부인의 힘입니다.

43 시도가 곧 열매다

언제나 시작입니다.
시작이 반이라 하지만, 시작은 이미 완성입니다. 한 발 내딛기가 어려운 것이지, 다음은 자연히 흘러갑니다. 그래서 시작할 수 있으면, 이미 끝낼 힘도 있는 것입니다.

시도가 곧 열매입니다.

시도는 과정을 거쳐 결과로 이어지지만, 시도하지 않으면 아무 일도 일어나지 않습니다. 모든 일은 원인이 있고, 그 원인의 첫걸음은 '나의 결정'에서 비롯됩니다.
결과에 목표를 두면 마음이 불안하지만, 시도에 목표를 두면 마음이 설렙니다.

걱정보다는 기대로, 두려움보다는 호기심으로 살아가는 것이 진정한 행복의 길입니다. 포기한다는 것은 끝이 아니라 다시 시작할 수 있다는 신호입니다.

한 번의 실패가 인생의 결말이 아닙니다.

언제든지 다시 시작할 수 있는 사람이 가장 의미 있는 삶을 사는 사람입니다.

44 혼자 1등은 결국 꼴등이다

살아오면서 '1등'이라는 말을 참 많이 들었습니다.
마음 한구석에는 늘 '남보다 앞서야 한다'라는 생각이 자리 잡고 있습니다. 땅이 없으면 바로 설 수 없듯이 다른 사람이 있어야 내가 설 자리가 생깁니다.

"혼자 1등은 결국 꼴등이다."라는 말은 단순한 역설이 아니라 삶의 진리입니다. 1등이 되려면 2등과 3등이 있어야 하고, 길을 열어주는 사람이 있어야 하며, 뒤에서 밀어주는 사람도 있어야 합니다.
관계가 끊어지고 함께 가는 사람이 없다면, 아무리 앞서 있어도 그것은 외로운 질주일 뿐입니다.

우리는 모두 은혜로 이어져 있습니다. 내가 빛날 때 다른 이도 빛나고, 다른 이가 빛날 때 내가 더 환해지는 관계입니다.

혼자 빛나는 별은 외롭습니다. 별들이 모이면 별자리가 되고, 서로의 길을 비춥니다. 삶도 마찬가지로 혼자가 아니라 함께 빛날 때, 비로소 진짜 행복이 됩니다.

H
O
P
E

"

작은 욕심을 큰 서원으로 돌리고,

나만을 위한 욕심을

모두를 위한 일로 바꾸면,

마음은 자연히 넉넉하고 자유로워진다.

"

45 노란 사과와 빨간 바나나

사과는 빨간색, 바나나는 노란색이라고 배웁니다.
껍질을 벗겨보면 둘 다 흰색의 알맹이가 드러납니다. 우리는 겉모습의 정보만을 '진짜'라고 착각하며 살아가지만, 실상은 그 속이 본질입니다.

한 개그맨의 쇼가 있었습니다. 바나나 껍질을 벗기니, 사람들은 당연히 바나나를 먹을 줄 알았습니다. 개그맨은 알맹이를 버리고 껍질을 먹습니다. 관객들은 어이없어 웃었지만, 그 모습이 어쩌면 우리의 자화상인지 모릅니다.

버려야 할 껍질에 매달리고, 정작 먹어야 할 알맹이는 던져버리는 삶.

보이는 것만 꾸미고, 관계의 본질은 방치하는 삶.

상대를 위한다고 하면서 실제로는 나를 위한 일을 상대에게 떠넘기고 있지는 않은지 돌아봐야 합니다.

뮤지컬 '스크루테이프의 편지'에서는 "착한 사람을 망치려면 이렇게 말해라. 열심히 살아라. 목표를 세우고 쉬지 말고 달려라. 그러면 결국 후회와 절망이 찾아올 테니까."라는 반어적 표현으로 실제 모습을 깨닫게 합니다.

사과가 꼭 빨개야 하고, 바나나는 노래야 한다는 법은 없습니다.

지금 어려움이 인생 전체를 규정하지도 않습니다. 껍질은 잠시 겉을 감싸는 보호막일 뿐, 생명의 진짜 맛은 속에 있습니다. 지금의 고통은 껍질일 뿐입니다. 벗길 수 있습니다. 그 안에는 반드시 단단한 '나'의 알맹이가 있습니다.

46 살아갈 이유가 생겼다

미국의 맥도널드 가게에서 노숙인 한 명이 햄버거를 사기 위해 주머니에 있던 돈을 몽땅 계산대에 놓았지만 부족했습니다. 노숙인이 실망해서 가게를 나가려고 했을 때 젊은 여자가 햄버거를 주문해서 노숙인에게 건넸습니다.
노숙인은 감사 인사로 작은 쪽지에 무언가를 적어서 건네고는 가게를 나갔습니다.

'더 이상 세상에 대한 미련을 남기지 않고 죽으려고 했는데 당신의 배려로 인해 마음이 따뜻해졌고, 다시 힘을 내서 살아 볼 마음이 생겼습니다.'
수많은 사람이 아니라도, 단 한 사람만 나에게 관심을 보여도 세상은 각박하지 않을 겁니다.

5분 만이라도 그 사람 이야기에 귀를 기울이고, 한 번이라도 아픔에 공감해 줄 수 있어도 미움은 그만큼 가벼워질 것입니다.

삶의 이유란 거대한 목적의 달성에만 있는 것이 아니라 사소하고 작은 것에서도 존재한다는 것을 알게 되는 순간 삶을 바라보는 시선은 달라질 것입니다.

삶이란 존재 자체가 특별하기 때문입니다.

스스로 살아갈 이유를 찾지 않는다면 스스로 생명을 포기하는 것과 같습니다. 삶의 이유는 내가 찾을 때만 드러나기 때문입니다.
살아가는 이유는 고통을 극복하기 위해서도, 기쁨을 거듭하기 위해서도 필요합니다.

그것이 우리가 살아가는 이유입니다.

47 원망의 창을 막는 갑옷

살다 보면 '원망의 창'을 맞는 순간이 있습니다. 누군가의 말 한마디에도, 일이 뜻대로 풀리지 않는 순간에도, 자신에게 실망한 밤에도, 마음 깊은 곳을 찌르는 창이 되어 우리를 흔듭니다.
은혜를 알지 못할 때 늘 부족하고 억울한 사람처럼 살아갑니다.

마음을 조금만 바꾸어 바라보면 매일 감사입니다. 나무 한 그루, 풀 한 포기, 바람 한 줄기조차도 은혜가 아닌 것이 없습니다. 감사하는 순간 원망의 창을 막는 갑옷을 입게 됩니다.

감사는 마음을 지키는 가장 단단한 갑옷입니다.

"마음의 번거로움과 시련이 없기를 바라지 말라."

바라는 마음이 커질수록 원망도 함께 자라게 됩니다.
공기, 햇빛, 비, 숨, 하루….
모두 거저 주어지는 은혜인데 불편해지면 금세 불평으로 돌아섭니다. 불평은 더 날카롭고 무서운 창이 되어 나를 향합니다. 모든 것을 얻고도 원망을 남기는 사람이 있습니다. 아무것도 얻지 못했어도 감사한 마음을 품는 사람이 있습니다. 누군가에게 당연한 것이 누군가에게는 간절한 삶의 이유가 됩니다.

감사는 소유가 아니라 태도이고, 조건이 아니라 마음의 결심입니다.

감사할 줄 아는 사람에게 삶은 언제나 기적의 얼굴을 보여줍니다. 감사한 마음 하나가 원망의 창을 이겨내는 가장 단단한 갑옷이 되어줍니다.

48 시장에는 과일만 팔지 않는다

시장을 가보면 과일만 파는 것이 아닙니다.
하찮은 물건, 값비싼 물건, 쓸모 있어 보이는 것, 쓸모없어 보이는 것…. 각각의 자리와 때가 있을 뿐, 버릴 것은 하나도 없습니다. 세상은 내가 아는 것보다 훨씬 넓고, 다양한 쓰임으로 움직입니다.

부족해 보이는 사람도, 작은 재주도, 실패한 경험마저도 자리를 달리하면 새로운 가치를 얻게 됩니다.

직장에서 함께 일하게 된 한 사람을 두고 주변에서 경계하라고 합니다.
"성격이 안 좋다."

“일을 맡기면 믿지 마라.”

다른 사람의 판단에 의지해서 동료를 선택할 수는 없습니다. 그 사람은 성실했고, 실력도 있었고, 믿음이 가는 동료였습니다. 소문만 듣고 멀리했다면 큰 인연을 놓칠 뻔했습니다.

내가 듣고 본 조각만으로 한 사람의 전부를 규정하려 합니다. 세상은 조각난 진실로 움직이지 않습니다.
다른 길을 걸어보면 그제야 보이지 않던 생명이 보입니다.
내가 모르는 세계에서, 내가 모르는 방식으로 누군가는 성실히 살아갑니다.

좋은 것만 쓰려고 하면 결국 아무것도 쓸 수 없습니다. 부족한 것을 익히고, 보완하고, 고쳐서 다시 쓰면서 사람은 단단해지고 인연은 깊어집니다.
시장은 넓습니다.
사람도 많습니다.
각각의 쓰임도 다양합니다.

49 우연이 필연인 이유

"우연히 만났다."

"우연히 일이 풀렸다."

"어쩌다 보니 그렇게 됐다."

깊이 들여다보면 우연은 결코 우연이 아닙니다. 겉으로 보면 우연이지만, 우연을 결정하는 조건과 배경은 분명한 인과입니다.

어릴 적 친하게 지내던 친구가 이사 가며 "나중에 꼭 다시 만나자."라고 약속했습니다. 세월이 흐르면서 기억 속에서 희미해졌지만, 가끔 친구가 보고 싶고 안부가 궁금했습니다. 어느 날, 우연히 들른 카페에서 그 친구를 만났습니다. 여러 해가 지났지만, 서로를 알아보는 데 오래 걸리지 않았습니다. 그 만남은 '우연'처럼 보였지만, 사실은 오래된 인연의 기다림이 그 순간을 끌어올린 것입니다. 억지로 만들지 않아도 이어질 인연은 이어지고, 필연의 흐름은 때가 되면 드러납니다.

지금 일이 잘 풀리지 않는다고 조급해하지 말아야 합니다. 시간이 차면, 조건이 갖추어지면, 이루어질 일은 반드시 이루어집니다.

우연으로 보이는 결과도 사실은 우리가 쌓아온 습관과 선택의 결실입니다. 우연적인 사건은 원인을 알지 못해서 우연일 뿐입니다. 세상 모든 일은 인과의 연속입니다. 운에 기대어 살기보다 해야 할 일을 해야 합니다. 최선을 다할 때 우연의 다리가 놓이고, 인연의 문이 열립니다. 모든 우연은 인과의 더 복잡한 표현일 뿐입니다.
우연을 행운처럼 소비하지 않고, 필연의 조건을 내 안에서 만들어야 합니다. 그럴 때 우연은 반드시 우리의 길을 밝혀주는 필연이 됩니다.

“

땅이 살아 있으므로 풀이 나고,
물이 살아 있으므로 물결이 치며,
마음이 살아 있으므로 사심 잡념이 생긴다.

”

50 욕심
다이어트

우리 마음 한쪽에는 늘 무거운 짐이 자리하고 있습니다. 눈에 보이지 않지만, 분명히 존재하는 짐, 그 이름이 바로 '욕심'입니다.

괜히 화가 나고, 사소한 일에도 예민해지고, 남과 비교하며 복잡한 마음이 올라옵니다. 이것이 바로 마음의 과체중, 욕심이 쌓여 있다는 신호입니다.

원숭이를 잡을 때 작은 항아리에 황금 구슬을 넣어두고, 간신히 손이 들어갈 만큼만 구멍을 뚫어놓습니다. 원숭이는 반짝이는 구슬을 잡기 위해 손을 쑥 넣고 움켜쥡니다.

움켜쥔 손은 절대로 빼지 못합니다. 놓으면 자유인데, 잡고 있어서 고통이 생기고, 집착 때문에 스스로 갇혀버립니다.

욕심이 많아질수록 마음은 무거워지고, 마음이 무거워지면 삶 전체가 무거워집니다. 가졌는데도 불만이고, 이뤘는데도 허전하고, 남과 비교하며 내가 가진 것은 초라해 보입니다.

"어떠한 처지에 있든지 그곳에서 만족을 얻는 자가 제일 부귀한 사람이다."

만족을 잃어버리면 나 자신을 잃어버립니다. 자신을 잃어버린 자리는 욕심으로 대신 채웁니다. 욕심을 부리는 가장 큰 이유는 '마음이 허기져 있기 때문'입니다. 허기는 더 많이 먹는다고 채워지지 않습니다.

감사는 욕심으로 허기진 공간을 따뜻하게 채워줍니다. 감사하면 이미 가진 것이 보이고, 누리고 있는 것을 다시 깨닫게 되며, 욕심이 자라던 그늘이 사라집니다.

불행한 이유는 가진 것이 부족해서가 아니라, 가진 것에 감사하지 못해서입니다.

욕심을 줄이면 마음이 가벼워지고 내 삶의 자유를 얻을 수 있습니다.

욕심을 줄이는 가장 강력한 다이어트는 '만족'과 '감사'입니다.

51 운의 진짜 얼굴

극심한 슬럼프에 빠진 사람이 냇가를 거닐다가 개구리 한 마리가 버들가지를 향해 필사적으로 뛰어오르는 모습을 보았습니다. 불어난 물에 떠내려가지 않기 위해 발버둥 치는 개구리는 몇 번이나 가지를 잡으려 했지만, 그 높이가 늘 조금 모자랐습니다.
그 사람은 코웃음을 치며 바라보았습니다. 그러던 순간 바람이 세차게 불었고, 가지가 개구리 쪽으로 휘어졌습니다. 개구리는 그 순간을 놓치지 않고 힘껏 뛰어 가지를 잡았습니다.
그 장면을 바라보던 사람은 그때 깨달았습니다. '개구리가 어리석은 게 아니라, 아무것도 하지 않고 불평만 했던 내가 어리석었구나.'

'운'을 뒤집으면 '공'이 됩니다.

운은 준비된 사람에게만 모습을 드러냅니다. 꾸준히 공을 들인 사람에게 기회가 되고, 실력이 됩니다.

인생을 운에 맡기면 중심을 잃게 됩니다. 중심을 잃으면 조언도 부담이 되고, 말씀도 두려움이 되고, 선택은 모두 불안해집니다. 지금 하는 일에 확신을 잃고 흔들리면 운은 스쳐 지나갈 뿐입니다.

운은 우연히 찾아오는 행운이 아닙니다. 열심히 노력한 보상이고, 흔들림 없이 확신에 찬 자신의 얼굴입니다.

52 기도는 다시 서는 과정

기도는 소원을 이루는 주문이 아니라 마음을 바라보고 다듬는 시간입니다. 바라는 마음으로 움켜쥐는 시간이 아니라, 기도할 수 있음에 감사하는 마음으로 손을 모으는 시간입니다.

'반드시 이루어진다.'라는 마음으로 하는 기도는 진리에서 멀어지게 합니다. '반드시'라는 마음이 클수록 실망은 깊어지고, 실망은 다시 교만을 만들기도 합니다.
막연한 기대는 희망이 아니라 의존이며, 그것이 무너지는 순간 마음에는 원망이 자라게 됩니다.

기도는 결과를 바꾸는 주문이 아니라 마음을 바꾸는 길입니다.

힘들면 쉬고, 아프면 약도 먹어야 합니다.
기도는 완벽해지는 과정이 아니라, 멈추고, 돌아보고, 다시 일어서는 과정입니다. 모든 문제를 해결해야만 앞으로 나아갈 수 있는 것도 아닙니다. 때로는 해결하지 못한 것을 품은 채로 걸어가야 할 순간도 있습니다.

'이건 절대로 안 돼'라고 마음이 꽉 막힌 순간이라면, 그때 잠깐 쉬어가는 여유가 필요합니다. 쉬어가는 틈에서 마음이 다시 숨 쉴 창문을 내게 하는 것이 기도입니다.

하염없이 바라기보다 다시 서겠다는 다짐으로 마음이 단단해질 때 마음은 비워지고 행복은 가득하게 됩니다.

53 나만의 무기는 '부족함'

우리는 누구나 삶이라는 전쟁터를 걸어가며 저마다의 무기를 찾습니다. 누군가는 재능을, 누군가는 돈을, 또 누군가는 배움을 자신의 무기라고 생각합니다. 그러나 정작 가장 강력한 무기는 '나의 부족함'을 알 때입니다.

가난한 절에서 담장을 쌓던 스님은 튀어나온 벽돌 몇 개가 마음에 걸려 볼 때마다 마음이 편치 않았습니다.
어느 날 사람들이 찾아와 튀어나온 벽돌 몇 개를 보며 '개성 있는 담장'이라며 감탄했습니다.

내가 감추고 싶은 부족함이 누구도 흉내 낼 수 없는 나만의 무기가 되기도 합니다.

부족함은 지금 내 삶을 다시 바라보게 하고 필요한 것을 차분히 채워갈 공간이 되어줍니다.
부족함을 아는 사람만이 겸손을 배우고, 채우는 기쁨을 누릴 수 있습니다. 심령이 가난한 사람은 구할 줄 알기 때문에 결국 더 큰 힘을 얻게 됩니다.

부족한 틈이야말로 여유와 가능성이 가득한 창고입니다.
누구도 욕심내지 않는 가장 강력한 나만의 무기입니다.

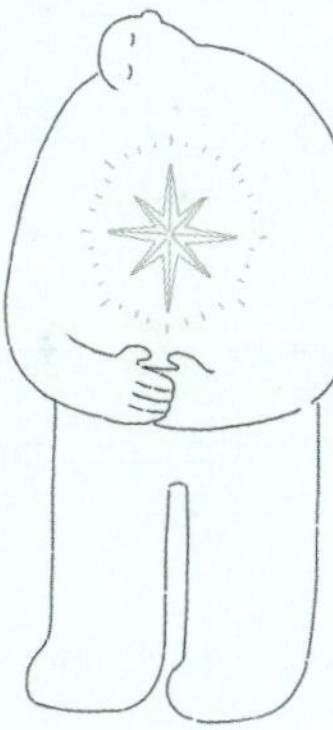

54 그런 사람이어도 괜찮구나

상대가 던진 한마디가 고요한 호수에 던진 돌멩이처럼 커다란 파동을 일으킬 때가 있습니다.

"너는 원래 그런 사람이잖아."

나도 내가 어떤 사람인지 잘 모르는데, 상대는 나를 아주 잘 알고 있나 봅니다.

나의 어떤 모습을 보고 그렇게 생각했을까요?

아무런 감정의 변화 없이 살다가 갑작스런 한마디에 만 가지 감정이 살아납니다.

상대는 지나가는 말로 툭 던졌을 뿐인데, 나는 말의 늪에 빠져 허우적거리곤 합니다. 말은 말일 뿐인데 말입니다.

나는 그저 잘 보이고 싶었고, 잘한다는 말을 듣고 싶었을 뿐입니다. 잘 못하는 나를 인정하지 못하고 잘하는 나만 드러내려 했던 것입니다. 그런데, 알게 되니 보이고, 보이니 챙겨지고, 챙겨지니 돌아볼 수 있습니다.

"그래, 나는 그런 사람이어도 괜찮구나."

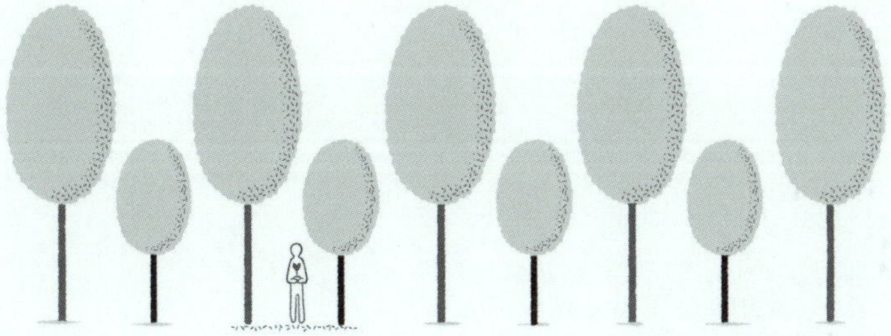

힘내라 괜찮다

초판 1쇄 인쇄 2026년 2월 1일
초판 1쇄 발행 2026년 2월 16일

지은이 박진도(진삼)

펴낸이 주성균(영삼)
펴낸곳 도서출판 동남풍
책임편집 천지은
디자인 김지혜
출판등록 제1991-000001호(1991년 5월 18일)
주소 54536 전북특별자치도 익산시 익산대로 501
전화 063)854-0784
팩스 063)852-0784
홈페이지 www.wonbook.co.kr
인쇄 문덕인쇄

ISBN 978-89-6288-064-9(03810)
값 15,000원